basic German *workbook*

Adelheid Höffgen

Berlitz Publishing Company, Inc.

Princeton   Mexico City   London   Eschborn   Singapore

Berlitz Trademark Reg. U.S. Patent Office and other countries – Marca Registrada
ISBN 2-8315-6349-6

Workbook series devised by Lynne Strugnell

German Workbook written by Adelheid Höffgen

Handwriting font © Henry Bloomfield 1994

Printed October 2000

CONTENTS

Introduction   4

1: All about me. Name; address; introductions; nationalities.   5

2: I've got a new job. Family; possessions; age; jobs.   9

3: Where's your office? Locations; buildings and their contents; colors.   13

4: Do you like it? Time; likes and dislikes.   17

5: Are you free tomorrow evening? Hobbies; daily activities; frequency.   21

6: Are you ready to order? Eating out; ordering food; shopping; weights and measures.   25

7: How much is this? Buying clothes; sizes and prices; likes and dislikes.   29

8: The bar's that way. Asking and giving directions; stores and public buildings; opening times.   33

9: Did you have a good weekend? The past; asking questions about the past.   37

10: On vacation. Vacations; the weather; more work on the past.   41

11: Can you speak French? Things you can and can't do; jobs; asking and giving reasons.   45

12: Review   49

13: What does she look like? Describing people; adjectives and their endings.   53

14: I'm having a great time! What's happening now; vacations; the weather; reasons and consequences.   57

15: Are you doing anything on Sunday? Making plans; invitations and suggestions.   61

16: Do you come here often? Habits; asking and giving permission; frequency.   65

17: It's going to be a busy month. Plans and intentions; predictions.   69

18: Two returns to Duisburg, please. Travel; asking for information; reasons and aims.   73

19: I feel terrible. Health and exercise; saying how you feel; advice; parts of the body.   77

20: How long have you lived here? Saying what you have and haven't done; duration.   81

21: I haven't seen you for ages! What has been happening; when it happened; adjectival endings.   85

22: We'll miss the train if we don't hurry. Plans and probabilities.   89

23: What did you say? Relating what people have said, and how they said it.   93

24: Review   97

Reference Section   101

Answer Key   103

Grammar   111

Glossary   117

Introduction

For over a century, Berlitz language courses and books have helped people learn foreign languages for business, for pleasure and for travel – concentrating on the application of modern, idiomatic language in practical communication.

This *Berlitz German Workbook* is designed for students who have learned enough German for simple day-to-day communication and now want to improve their linguistic knowledge and confidence.

Maybe you are following an evening class or a self-study course and want some extra practice – or perhaps you learned German some time ago and need to refresh your language skills. Either way, you will find the *Berlitz German Workbook* an enjoyable and painless way to improve your German.

How to Use the Workbook

We recommend that you set yourself a consistent weekly, or, if possible, daily study goal – one that you can achieve. The units gradually increase in difficulty and have a continuous storyline, so you will probably want to start at Unit 1.

Each unit focuses on a specific topic or situation: introducing yourself; eating out; travel; leisure activities and many more. Within the unit you will find exercises and word puzzles that build your vocabulary, grammar and communication skills. The exercises vary, but each unit follows the same basic sequence:

Match Game	relatively easy matching exercises that introduce each topic
Talking Point	a variety of exercises based on lively, idiomatic dialogues. Read these dialogues thoroughly, as they introduce the language you will use in the subsequent exercises
Word Power	imaginative vocabulary-building activities and games
Language Focus	specific practice in problem areas of grammar
Reading Corner	challenging comprehension questions based on a short text
Write Here	short writing tasks using key vocabulary and grammar from the previous exercises

We have provided space for you to write the answers into your Workbook if you wish, although you may prefer to write them on a separate sheet of paper.

If you want to check the meaning of a German word, the Glossary at the back of the Workbook gives you its English translation. The Grammar section offers a handy overview of the essential structures covered in this Workbook, and you can check all of your answers against the Answer Key.

We wish you every success with your studies and hope that you will find the *Berlitz German Workbook* not only helpful, but fun as well.

UNIT 1: All about me.

In this unit you will give your name and address, make simple introductions and talk about nationalities.

Match Game

1. Das Verb sein

Match the words in the box on the left with the appropriate form of the verb.

die Kinder du es wir
Maria ich Peter er
Herr und Frau Meier ihr
Inge und ich Max und du

bin bist sind
ist seid

Talking Point

2. Ich heiße ...

This morning Peter Graf has an interview for a new job. He has just arrived for the interview. Read the dialogue, and fill in each of the blanks with one of the expressions given below.

sind   ist nicht   heiße   geht   bin   trinken

Peter Graf:	Guten Morgen.
Frau Becker:	Guten Morgen. _____ Sie Herr Meier?
Peter Graf:	Nein, mein Name _____ Meier. Ich _____ Graf, Peter Graf.
Frau Becker:	Oh, Herr Graf! Wie _____ es Ihnen? Ich _____ Maria Becker.
Peter Graf:	Freut mich, Frau Becker.
Frau Becker:	_____ Sie Kaffee? Oder Tee?
Peter Graf:	Danke. Kaffee, bitte.
Frau Becker:	Frau Mast! Wo _____ Sie?
Frau Mast:	Entschuldigung! Ja bitte?
Frau Becker:	Frau Mast, einen Kaffee und einen Tee, bitte.

Word Power

3. Länder und Nationalitäten

Complete the table below.

Country	Language	Nationality
Frankreich	Französisch	ein Franzose/eine Französin
Spanien		
	Englisch	ein Engländer/
Deutschland		
		ein Schotte/eine Schottin
Italien		
USA		
Japan		
		ein Schweizer/
Österreich		

4. Zahlen

Rearrange the letters to find the numbers, and then match the words to the numbers.

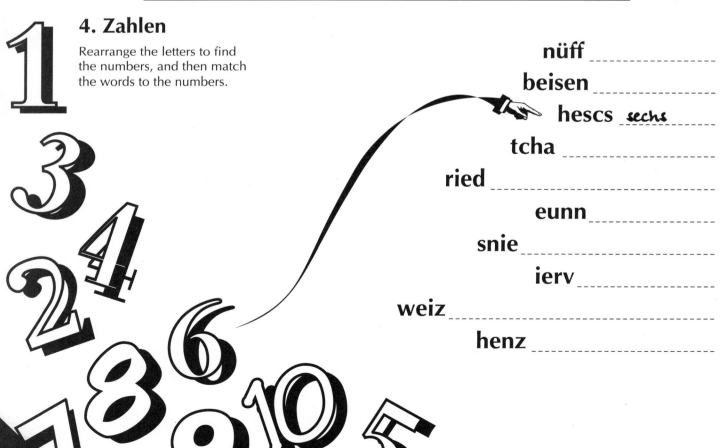

nüff _____

beisen _____

hescs _sechs_ _____

tcha _____

ried _____

eunn _____

snie _____

ierv _____

weiz _____

henz _____

Language Focus

5. Verbendungen

Complete the sentences with the correct verb in the correct form.

heißen 2x

sein 2x

wohnen

kommen

entschuldigen

haben

trinken

verstehen

1. Wie _____ du?

2. Woher _____ Sie?

3. Wo _____ Herr Graf?

4. Bitte _____ Sie, wie spät ist es?

5. _____ du verheiratet?

6. _____ ihr ein Haus?

7. Ich _____ Sie nicht.

8. _____ Sie Schulz?

9. _____ wir Kaffee?

10. Herr und Frau Becker _____ neu hier.

6. Alles negativ

Look at the pictures, and make sentences like the one in the example.

Example:

Meier Graf

Das ist nicht Herr Meier. _____

Das ist Herr Graf.

Französin Spanierin

England Schottland

Kaffee Tee

Meier Müller

ledig verheiratet

1. _____
    Sie ist Spanierin.

2. _____
    Sie kommen aus Schottland.

3. _____
    Das ist Tee.

4. Ihr Name _____
    Sie heißt Müller.

5. _____
    Ich bin verheiratet.

Reading Corner

7. Persönliches

Look at the information on Peter's application form. Then put the lines into the correct order, and write them out below.

PERSÖNLICHE DATEN

VORNAME, FAMILIENNAME: Peter Graf

ADRESSE: Hauptstraße 68, Köln

FAMILIENSTAND: ledig

ALTER: 31

1. verheiratet, er ist ledig. Er ist
2. ist Deutscher. Er kommt
3. Düsseldorf. Sie ist 29.
4. Hauptstraße 68. Er ist nicht
5. Peter Graf
6. Inge. Sie kommt aus
7. aus Köln. Seine Adresse ist
8. einunddreißig. Seine Freundin heißt

Write Here

8. Und wer sind Sie?

Write sentences about yourself.

Example: (Name) _Mein Name ist Petra Klein._

Persönliche Daten

Vorname, Familienname: _____

Adresse: _____

_____

Familienstand: _____

Alter: _____

Nationalität: _____

UNIT 2: *I've got a new job.*

In this unit you will find practice with talking about family members, possessions, how old people are and what jobs they do.

Match Game

1. Questions and answers

Match each question to the most appropriate answer. Note that there is one response too many.

1. Ist er Ingenieur von Beruf?	( )	a. Nein, wir haben einen Bungalow.
2. Sind Sie verheiratet?	( )	b. Nein, es ist klein.
3. Wie geht es Ihnen?	( )	c. Mein neues Auto.
4. Wo ist mein Kugelschreiber?	( )	d. Ja, er arbeitet bei BMW.
5. Was ist das?	( )	e. Ja, ich wohne in Bonn.
6. Ist das deine Tasche?	( )	f. Hier.
7. Haben Sie eine Wohnung?	( )	g. Nein, in Hamburg.
8. Ist euer Haus groß?	( )	h. Ja, und ich habe zwei Kinder.
9. Möchtest du einen Kaffee?	( )	i. Nein, das ist seine.
10. Wohnt deine Freundin auch hier?	( )	j. Sehr gut, danke.
		k. Ja, bitte.

Talking Point

2. ein/eine/einen oder mein/meine/meinen; dein/deine/deinen?

Inge and Peter are going to visit Peter's family.

Inge: Haben _____ Eltern ein Haus oder _____ Wohnung?

Peter: _____ kleines Haus in der Hauptstraße. *(They turn the corner.)* Hier sind wir schon. Das ist _____ Freundin Inge. Inge, das ist _____ Mutter.

Frau Graf: Ah, freut mich. Guten Tag, Inge. Kommen Sie herein.

Manfred: Mutti, wo ist _____ Fußball? Und wo sind _____ Schuhe? Ich muß zum Training.

Frau Graf: Entschuldigen Sie bitte, Inge. Ich weiß nicht, Manfred. Vielleicht hier. Hast du auch _____ Tasche? Und _____ Mantel? Es ist kalt.

Peter: Inge, möchtest du _____ Bier?

Inge: Nein, danke, lieber _____ Kaffee.

Word Power

3. Wie alt bis du?

Look at the chart and complete the sentences.

NAME	AGE
Martin	32
Peter	28
Inge	29
Frau Graf	49
Herr Graf	56
Manfred	19
Lisa	28

Martin _ist zweunddreißig Jahre alt._ _____

Peter _____

Inge _____

Frau Graf _____

Herr Graf _____

Manfred _____

Lisa _____

4. Familie Graf

Peter tells us about his family. Complete the sentences.

Schwester
Ingenieur
Mutter
Vater
Geschwister
Eltern
Bruder
Hausfrau
Sekretärin
Schüler
Zwillingsschwester
Studentin
Kaufmann

Ich habe zwei _____. Mein _____ heißt Manfred. Er ist _____. Meine _____ heißt Lisa. Sie ist meine _____! Sie ist _____. Hier sind meine _____. Mein _____ ist _____ von Beruf. Meine _____ arbeitet als _____. Aber sie ist auch _____! Ich arbeite im Büro. Ich bin _____.

Language Focus

5. Ein, mein, dein, sein ...

Complete the sentences.

Example: (sein) *Hat Manfred seinen Mantel?*

1. (ein) Wir haben _____ Wohnung in Frankfurt.

2. (unser) _____ Haus ist zu klein.

3. (mein) Wo ist _____ Tasche?

4. (dein) Ist das _____ neue Freundin?

5. (mein) _____ Beruf ist Ingenieur.

6. (Ihr) Wie ist _____ Name?

7. (ein) Hast du _____ Fußball?

8. (dein) Hast du _____ neues Auto schon?

6. Fragen, Fragen ...

Here are the answers to some questions. Put the words into the correct order to make up the questions. You'll also need to find the correct form of the verb.

Example: Adresse/deine/sein/wie?   Q. *Wie ist deine Adresse?*
A. Marktplatz 5, Köln.

1. ein neues/haben/Auto/du?   Q. _____ ?
A. Ja, ein blaues.

2. du/Glas Bier/mögen/ein?   Q. _____ ?
A. Ja, gern.

3. Frau/kommen/woher/Herr/Thomas/und?   Q, _____ ?
A. Aus New York.

4. Beruf/von/sein/er/was?   Q, _____ ?
A. Kaufmann.

5. Lisa/einen Bruder/haben/eine
Schwester/oder?   Q. _____ ?
A. Einen Bruder.

6. Und/mein Mantel/wo/sein?   Q. _____ ?
A. Hier.

Reading Corner

7. Eine Postkarte

Read Peter's postcard to his grandparents.

Example: Peters Firma heißt Sommer AG.

Nein, sie heißt Winter AG.

> Liebe Großeltern,
> wie geht es Euch? Mir geht's gut. Ich arbeite jetzt für eine neue Firma. Sie heißt Winter AG und ist sehr groß. Ich bin Kaufmann in der Marketingabteilung. Die Arbeit ist sehr interessant. Zu Hause ist alles in Ordnung. Manfred spielt immer Fußball, und Lisa studiert immer. Mutter und Vater arbeiten, und ich muß die Hausarbeit machen. Übrigens: Meine neue Freundin heißt Inge. Sie kommt aus Düsseldorf.
> Liebe Grüße, Peter

1. Peter arbeitet für eine kleine Firma. ---------------------------------
2. Er ist Ingenieur von Beruf. ---------------------------------
3. Sein Bruder macht die Hausarbeit. ---------------------------------
4. Lisa ist Sekretärin. ---------------------------------
5. Seine neue Freundin ist aus Dortmund. ---------------------------------

Write Here

8. Der Polizist möchte alles wissen

As Frau Becker drives home from the office, she is stopped by a policeman who starts asking her a lot of questions. Complete the conversation by filling in the questions and answers.

Polizist	Entschuldigen Sie bitte.	
Frau Becker	Ja, bitte?	
Polizist	(Frau Lore Meier?)	*Sind Sie Frau Lore Meier?*
Frau Becker	(nein – Maria Becker)	*Nein, ich heiße Maria Becker.*
Polizist	(Adresse – Hauptstr. 27?)	
Frau Becker	(nein – Hauptstr. 47)	
Polizist	(verheiratet?)	
Frau Becker	(ja)	
Polizist	(Name Mann)	
Frau Becker	(Michael)	
Polizist	(Rechtsanwalt?)	
Frau Becker	(nein – Lehrer)	
Polizist	(aus München?)	
Frau Becker	(nein – Österreicher)	
Polizist	Oh, das tut mir leid. Entschuldigen Sie bitte! Auf Wiedersehen!	

UNIT 3: Where's your office?

In this unit you will talk about homes and other buildings and the things inside them, and discuss colors.

Match Game

1. Wo ist die Katze?

Match the pictures to the appropiate phrases.

a. unter dem Fenster

b. auf dem Stuhl

c. in der Ecke

d. hinter dem Sofa

e. neben dem Fernseher

f. zwischen dem Fernseher und dem Sofa

g. neben der Tür

Talking Point

2. Ein neuer Job

Peter talks to his mother on the phone, and tells her about his new job at Winter AG. Complete their conversation by choosing the most suitable phrase to fill the blanks.

Mutter: Wo ist deine neue Firma, Peter?

Peter: Sie ist (in/an) _____ Köln. Im Stadtzentrum. Das große, weiße Gebäude neben dem Bahnhofshotel.

Mutter: Ah ja. Und wie viele Leute arbeiten (mit/bei) _____ Winter AG?

Peter: (Da ist/da sind) _____ 53 Leute im Bürogebäude.

Mutter: (Hat/hast) _____ du ein Büro?

Peter: Ja, aber mit 5 Leuten! Also gibt es 5 Computer, 5 Schreibtische, 5 Stühle und 5 Telefone – und es ist ein kleines Büro! Und es hat rosa Türen und einen rosa Teppich. Aber es ist hell – es hat ein großes Fenster, und (es hat/es gibt) _ _ _ _ _ _ _ _ _ _ auch einen Park _ _ _ _ _ _ _ _ (hinter/unter) _ _ _ _ _ _ _ _ dem Gebäude.

Mutter: Gibt es auch (Frau/Frauen) _ _ _ _ _ _ _ _ _ _ im Büro?

Peter: Ja, wir haben zwei, die Chefin und eine Sekretärin.

Mutter: Und gibt es Geschäfte (nahe/in der Nähe) _ _ _ _ _ _ _ _ _ _ ?

Peter: Ja, es gibt ein italienisches Restaurant. Und ein Kiosk direkt neben dem Hotel.

Word Power

3. Farben

There are eleven colors hidden in the word square. Can you find them?

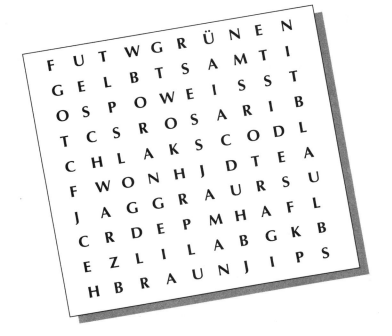

```
F U T W G R Ü N E N
G E L B T S A M T I
O S P O W E I S S T
T C S R O S A R I B
C H L A K S C O D L
F W O N H J D T E A
J A G G R A U R S U
C R D E P M H A F L
E Z L I L A B G K B
H B R A U N J I P S
```

4. Zimmer und Möbel

Find the correct gender for each piece of furniture and then place them all into the correct rooms.

Schreibtisch   Stuhl   Sofa   Tisch   Mikrowelle   Kühlschrank   Teppich   Herd
Bett   Schreibtischlampe   Dusche   Waschbecken   Spülbecken   Badewanne
Waschmaschine   Telefon   Kleiderschrank   Küchenschrank   Bücherregal   Lampe

1. **Küche**   *der Stuhl* _

2. **Wohnzimmer**   _

3. **Schlafzimmer** _____

4. **Bad** _____

5. **Büro** _____

Language Focus

5. kein/keine/keinen oder nicht?

Example: *Wir haben kein Geld mehr.*

1. Hier gibt es _____ Supermarkt.

2. Ich habe _____ Auto.

3. Lisa studiert _____ in Frankfurt, sie studiert in Marburg.

4. Mein Bruder kann _____ Auto fahren.

5. Hast du _____ Büro für dich allein?

6. Herr Becker kann _____ kochen.

7. Der Schreibtisch gefällt mir _____ .

8. Wir haben noch _____ Wohnzimmerlampe.

9. Peter arbeitet _____ in Bonn.

10. Familie Graf möchte _____ im Stadtzentrum wohnen.

6. Fragen

Make questions and then answer them, using the correct pronouns *(er, sie, es)* as appropriate.

Example: Wo/deine Tasche? *Wo ist deine Tasche?* _____ *Sie* ist hier.

1. Wo/Garten? _____ ist hinter dem Haus.

2. Wie/Büro? _____ ist klein.

3. Wo/Limonade? _____ ist im Kühlschrank.

4. Gefällt dir/Wohnung? _____ gefällt mir nicht!

5. Wie/Küche? _____ ist praktisch.

6. Wo/Haus? _____ liegt am Stadtrand.

Reading Corner

7. Das Bahnhofshotel

Read the description of the ground floor layout of the Bahnhofshotel and its surroundings, and then write the location of the various rooms into the plan.

Neben der Eingangshalle auf der linken Seite ist ein großes französisches Restaurant. Auf der rechten Seite ist ein kleines Café, direkt neben der Eingangshalle. Zwischen dem Café und dem Reisebüro ist ein Kiosk. Die Telefonzellen sind direkt neben dem Reisebüro. Das Hotel hat auch ein kleines Fitneßzentrum neben der Sauna, und hinter dem Fitneßzentrum ist ein kleines Schwimmbad. Die Toiletten sind in der Ecke hinter dem Restaurant. In der Ecke, vor dem Fitneßzentrum, sind Sofas, Stühle und Kaffeetische.

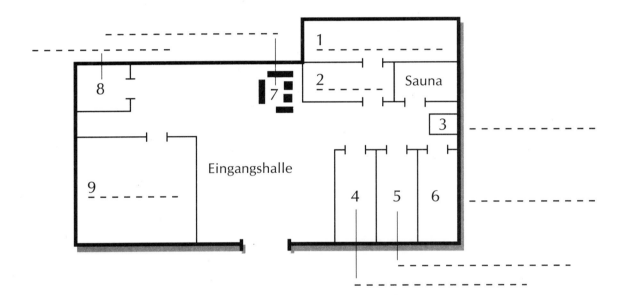

Write Here

8. Inges neue Wohnung

Peter's girlfriend Inge recently moved into a new apartment. Look at the information given by the rental agent, and then write a short letter to Inge's friend Regina. You find a few ideas below.

Liebe Regina,

Ich habe ... Sie liegt ... Sie ist ... Sie hat ... Im Hof ... Meine Telefonnummer ...
Ruf mal an! Deine Inge

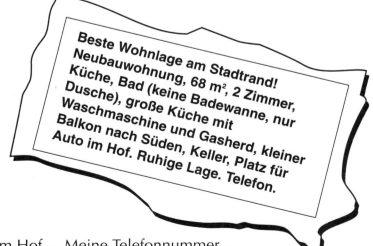

Beste Wohnlage am Stadtrand! Neubauwohnung, 68 m², 2 Zimmer, Küche, Bad (keine Badewanne, nur Dusche), große Küche mit Waschmaschine und Gasherd, kleiner Balkon nach Süden, Keller, Platz für Auto im Hof. Ruhige Lage. Telefon.

UNIT 4: *Do you like it?*

In this unit you will talk about what people like to do and when they do it.

Match Game

1. Essen und Trinken

Match the containers to the foods. Remember that some foods can come in more than one sort of container.

Käse	**Pommes frites**
Kartoffeln	**Wurst**
Zucker	**Mineralwasser**
Butter	**Weißwein**
Marmelade	**Milch**
Tee	**Fleisch**
Gemüse	**Reis**

ein Glas
eine Tasse
eine Flasche
eine Kanne
eine Dose
eine Packung

Talking Point

2. Zeit fürs Abendessen

Walter Becker has just cooked dinner (he is not very good at it) and is waiting for his wife, Maria, and their children, Thomas and Silke, to come home. They are late. Read the conversation and then answer the questions.

Walter: Das Abendessen ist fertig. Wo sind denn alle? Es ist schon sieben Uhr.

Maria: Hallo, Walter. Entschuldige, ich bin spät dran. Der Verkehr war furchtbar. Wo sind die Kinder? Was gibt es zu essen?

Walter: Rindersteak mit Kartoffeln und Gemüse.

Maria: Oh prima. Das esse ich sehr gern.

Thomas und Silke: Hallo, hallo. Hier sind wir.

Walter: Ihr kommt immer zu spät. Das Essen wird kalt. Es ist schon viertel nach sieben.

Silke:	Papa, du kochst immer Steak mit Kartoffeln. Ich mag keine Kartoffeln. Ich möchte lieber Reis.
Maria:	Wir haben keinen Reis. Thomas, wir essen jetzt.
Thomas:	Ich habe keinen Hunger. Ich mag kein Fleisch. Fleisch ist furchtbar. Ich bin Vegetarier.
Walter:	Du bist doch kein Vegetarier!
Thomas:	Doch. Mein Freund ist Vegetarier, und jetzt bin ich auch Vegetarier.

Example: Wer kocht Abendessen?   _Walter Becker kocht Abendessen._

1. Wer kommt zu spät?   _____

2. Wer mag Rindersteak?   _____

3. Wer möchte keine Kartoffeln?   _____

4. Wer ist Vegetarier?   _____

5. Wer hat keinen Hunger?   _____

Word Power

3. Wie spät ist es?

Look at the clocks, and write the times underneath each one.

Example:

Es ist halb zehn.

1. _____

2. _____

3. _____

4. _____

4. Wo ist er um sieben Uhr?

Write sentences about Peter's daily schedule, using the phrases in the box.

Example: 7.00   _Um sieben Uhr ist er im Bett._

1. 7.30   _____

2. 8.30   _____

in der Kneipe
im Auto
im Büro
im Sportzentrum
in der Kantine
im Bad
im Bett

3. 9.00 --

4. 13.00 ---

5. 18.30 ---

6. 20.30 ---

Language Focus

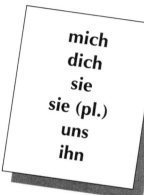

mich
dich
sie
sie (pl.)
uns
ihn

5. Liebst du mich?

Choose the appropriate personal pronoun to fill each blank.

   Example: Die Kinder essen gern Gemüse. **Es** schmeckt **ihnen.**

1. Ich mag meinen Beruf nicht. Ich hasse _____ sogar.

2. Magst du Katzen? – Ja, ich liebe _____.

3. Meine Chefin heißt Maria Becker. Ich mag _____ ganz gern.

4. Ich mag Onkel Andreas, aber mein Mann kann _____ nicht leiden.

5. Ich liebe Peter, aber er liebt _____ nicht.

6. Wo ist meine Tasche? Lisa, hast du _____ ?

7. Wir mögen unseren neuen Lehrer nicht, und er mag _____ auch nicht!

8. So viele Blumen? Peter, ich liebe _____ !

6. Was magst du? – Was magst du nicht?

Complete the answers to the following questions.

   Example: Hört er gern klassische Musik? **Nein, sie gefällt ihm nicht.**

1. Ißt du gern Fleisch? – Ja, ich esse _____

2. Gefällt dir mein Wohnzimmer? – Ja, es _____

3. Mögen Sie Sportautos? – Ja, sehr _____

4. Gefällt Ihnen Düsseldorf? – Nein, es _____

5. Spielen Sie gern Tennis? – Nein, ich _____

6. Schmeckt dir die Pizza? – Ja, sie _____

Reading Corner

7. Sie trinkt gern Rotwein, aber ...

Peter is having second thoughts about his girlfriend Inge, because their tastes are so different. Look at these fragments of his letter to a friend, and put the lines in the correct order.

a. Fleisch, aber sie ist Vegetarierin. Sie

b. bleibt lieber zu Hause. Sie mag Jazz und

c. Inge trinkt gern Rotwein, aber

d. geht furchtbar gern einkaufen, aber ich hasse es. Ich

e. ich mag lieber Bier. Ich esse gern

f. gehe gern tanzen, aber sie

g. sie? Oh ja.

h. klassische Musik, aber ich nicht. Mag ich

Write Here

8. Tanzen Sie gern?

On Saturday, Maria Becker meets her friends Frank and Iris. They try to decide what to do, as they all like doing different things. Ask questions about what they like doing, then answer them.

	Frank	Iris	Maria
Badminton	prima	es geht	gar nicht
Schwimmen	es geht	es geht	ganz gut
Einkaufen	liebt es	nicht gern	furchtbar
Tanzen	es geht	furchtbar	furchtbar
Kneipen	furchtbar	prima	es geht

Example: Frank/Badminton

Q. Spielt Frank gern Badminton? A. Ja, er spielt sehr gern Badminton.

1. Maria/einkaufen? Q. _____ A. _____

2. Frank und Iris/
schwimmen? Q. _____ A. _____

3. Maria/schwimmen? Q. _____ A. _____

4. Maria und Iris/tanzen? Q. _____ A. _____

5. Iris/Badminton? Q. _____ A. _____

6. Frank/Kneipen? Q. _____ A. _____

UNIT 5: Are you free tomorrow evening?

In this unit you will talk about hobbies and other daily activities, and about how often you do something.

Match Game

1. Wie spät ist es?

Match the clocks to the correct time.

1. viertel nach sieben
2. viertel vor drei
3. zwanzig vor sechs
4. fünf vor halb zwei
5. zehn vor acht
6. fünf nach halb zehn
7. zwanzig nach fünf
8. zehn nach vier

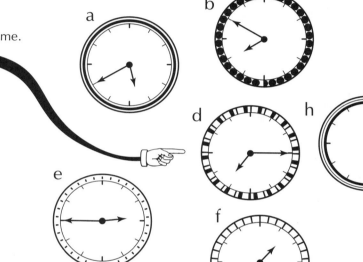

Talking Point

2. Haben Sie schon etwas vor?

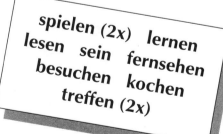

spielen (2x) lernen
lesen sein fernsehen
besuchen kochen
treffen (2x)

It's Peter's second week on his new job. He greets the receptionist, Frau Schmidt, as he arrives on Monday morning. Fill in the blanks with an appropriate verb from the box.

Fr. Schmidt: Guten Morgen, Herr Graf.

Peter: Morgen, Frau Schmidt. Äh – Frau Schmidt? Haben

Sie heute abend schon was vor? Ich habe nämlich Zeit, also ...

Fr. Schmidt: Tut mir leid, Herr Graf. Ich _____ montags Tennis. Ich _____
immer montags Tennis.

Peter: Ach so. Wie ist es morgen? Haben Sie morgen abend Zeit?

Fr. Schmidt:	Dienstag. Nein, tut mir leid, aber ich _____ dienstags Spanisch. Und mittwochs _____ ich Gitarre.
Peter:	Hmm. Das ist ein Problem. Was machen Sie donnerstags und freitags? _____ Sie japanische Literatur? Oder chinesische Gedichte?
Fr. Schmidt:	Nein. Ich _____ normalerweise donnerstags zu Hause und freitags _____ ich immer meine Eltern und _____ Essen für sie
Peter:	Und am Wochenende? Haben Sie Samstag oder Sonntag Lust?
Fr. Schmidt:	Ich _____ nie fremde Männer am Wochenende.
Peter:	Ich bin doch kein fremder Mann!
Fr. Schmidt:	Tut mir leid, aber ich _____ immer meinen Freund am Wochenende. Und Sie haben eine Freundin, Herr Graf!

 # Word Power

3. Was machen die Leute?

Find an appropriate verb to go with each picture.

1. fernsehen
2. Auto fahren
3. Wein trinken
4. Zeitung lesen
5. Briefe schreiben
6. duschen
7. Gitarre spielen

e._____

d._____

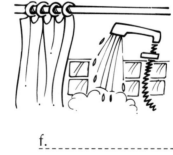

f._____

b._____

c._____

a._____

g._____

4. Aktivitäten

Look at the following activities and then
tell us how often you do them.

immer
oft
manchmal
nie
selten

Example: fernsehen _Ich sehe selten fern._

1. schwimmen gehen _____
2. Zeitung lesen _____
3. Tennis spielen _____
4. duschen _____
5. Musik hören _____
6. tanzen gehen _____
7. einkaufen _____

Language Focus

5. Die Wörter sind durcheinander

Rearrange the words to make proper sentences.

1. Fußball/immer/samstags/ich/spiele

   Samstags _____

2. Eltern/besucht/Katrin/ihre/oft/am Wochenende

   Oft _____

3. Peter/mit dem/zur Arbeit/normalerweise/Auto/fährt

   Peter _____

4. Roten/oft/trinke/nicht/Wein/ich

   Roten _____

5. Freitags/Lisa/ins/Sportzentrum/manchmal/geht

   Freitags _____

6. Fleisch/Thomas/nie/ißt

   Thomas _____

6. Fragen

Complete the sentences with the correct form of the verb.

1. (Auto fahren) _____ Peter gern _____ ?

2. (lesen) _____ Lisa gern Literatur?

3. (zu Mittag essen) Wann _____ du _____ ?

4. (schlafen) Wie lange _____ du normalerweise?

5. (fernsehen) _____ du oft _____ ?

6. (sprechen) _____ Frau Schmidt Englisch?

Reading Corner

7. Es ist immer dasselbe

Peter's girlfriend Inge finds life boring. She thinks it's time for a change. Look at her diary and fill in the blanks with *in, im, an, um, zur.*

Mein Leben ist gar nicht interessant. Ich stehe immer _____ 7.15 Uhr auf. Ich gehe immer _____ 8.30 Uhr Arbeit, und ich komme immer _____ 18.00 Uhr nach Hause. Ich lese die Zeitung, ich sehe fern, ich schreibe Briefe _____ meine Freundin _____ Spanien und _____ meine Familie. Ich treffe samstags und sonntags immer Freunde, und wir spielen _____ Sportzentrum normalerweise Tennis. Ich treffe auch immer Peter. Manchmal gehen wir _____ ein Restaurant und manchmal gehen wir _____ eine Kneipe. Aber ich treffe immer dieselben Leute. Es ist immer dasselbe.

Write Here

8. Über Sie selbst

Answer these questions about yourself.

1. Wo wohnen Sie? _____

2. Spielen Sie oft Tennis? _____

3. Wann stehen Sie normalerweise auf? _____

4. Um wieviel Uhr essen Sie zu Mittag? _____

5. Was machen Sie normalerweise sonntags? _____

6. Wann fängt Ihr Arbeitstag an? _____

UNIT 6: Are you ready to order?

In this unit you will discuss and order food in a restaurant, shop for food and use weights and measures.

Match Game

1. Im Restaurant

Match the questions with appropriate responses.

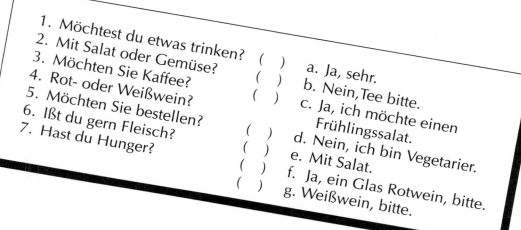

1. Möchtest du etwas trinken? ( )
2. Mit Salat oder Gemüse? ( )
3. Möchten Sie Kaffee? ( )
4. Rot- oder Weißwein?
5. Möchten Sie bestellen? ( )
6. Ißt du gern Fleisch? ( )
7. Hast du Hunger? ( )
( )

a. Ja, sehr.
b. Nein, Tee bitte.
c. Ja, ich möchte einen Frühlingssalat.
d. Nein, ich bin Vegetarier.
e. Mit Salat.
f. Ja, ein Glas Rotwein, bitte.
g. Weißwein, bitte.

Talking Point

2. Möchten Sie bestellen?

Peter invites Inge out for lunch. She is not very hungry and in a bad mood. Put the lines of their conversation in the correct order.

1. **Inge:** Also gut, einen italienischen Salat. Und einen Kaffee.
2. **Inge:** Nein, die Tomatensuppe schmeckt hier nicht besonders.
3. **Inge:** Ach, ich weiß nicht. Ich habe eigentlich keinen Hunger.
4. **Inge:** Und ich bekomme einen italienischen Salat.
5. **Peter:** Gemüse, bitte.
6. **Peter:** Ach so. Wie wär's denn mit einem Salat?
7. **Peter:** Ja, ich möchte bitte ein Rindersteak.

8. **Peter:** Wie wäre es mit Suppe? Die Tomatensuppe schmeckt sehr gut hier.

9. **Peter:** Was möchtest du?

10. **Peter:** Ja, einen Kaffee und einen Orangensaft, bitte.

11. **Kellner:** Mit Salat oder Gemüse?

12. **Kellner:** Möchten Sie bestellen?

13. **Kellner:** Ein Rindersteak mit Gemüse und einen italienischen Salat. Möchten Sie etwas trinken?

 # Word Power

3. Obst, Gemüse oder Fleisch?

Put the following words into the appropriate category:

Hähnchen, Salat, Apfel, Bratwurst, Birne, Erdbeere, Rind, Schwein, Kartoffeln, Erbsen, Zitrone, Bohnen, Karotten, Zwiebel, Blutorange, Wild, Schinken, Blumenkohl, Paprika, Kirsche, Trauben

OBST	GEMÜSE	FLEISCH

4. Einkaufszettel

Look at the shopping list, and write out the items and amounts in full.

Example: 1 kg Kartoffeln   *ein Kilo Kartoffeln* _____

1. 500 g Tomaten   _____

2. 1 l Milch   _____

3. 250 g Butter   _____

4. 125 g Salami   _____

5. $\frac{1}{2}$ l Sonnenblumenöl   _____

6. 0,75 l Rotwein   _____

Language Focus

5. Ein/eine oder etwas?

Write *ein/eine* before the items which are usually countable, and *etwas* before those which are usually uncountable.

1. _____ Rotwein
2. _____ Glas Wein
3. _____ Joghurt
4. _____ Ei
5. _____ Suppe
6. _____ Brot

7. _____ Laib Brot
8. _____ Käse
9. _____ Apfel
10. _____ Rindfleisch
11. _____ Wurst
12. _____ Tasse Kaffee

6. ein/eine/einen, kein/keine/keinen oder welche/keine?

Fill in the blanks.

1. Sagen Sie, haben Sie noch italienische Salami? – Ja, wir haben noch _____ .

2. Und verkaufen Sie spanischen Rotwein? – Nein, wir haben _____ mehr.

3. Ich möchte _____ Apfel essen. Haben wir noch (pl.) _____ ? – Nein, wir haben _____ mehr.

4. Tut mir leid, aber wir haben _____ Obst mehr.

5. Ich möchte gern _____ Flasche Weißwein. Haben Sie noch (sing.) _____ ? Tut mir leid, wir haben _____ mehr.

6. Möchtest du noch Marmelade? – Haben wir denn noch _____ ? – Ja.

Reading Corner

7. Immer streiten wir!

Maria Becker writes a letter to her mother, and tells her about an argument she had with her husband Walter yesterday. Make questions from the words given, and then answer them.

1. hat/Streit/wer/immer?

    ----

2. Walter/Sport/treibt?

    ----

3. Bier/Schweinebraten/und/mag/wer?

---

4. er/viel/zum Frühstück/ißt?

---

5. oft/Tennis/er/spielt?

---

6. fünfzig/wird/er/wann?

Walter und ich haben immer Streit über das Essen. Er ißt die ganze Zeit! Und er treibt nie Sport. Er wird immer dicker. Immer ißt er 3 Eier, belegte Brote mit Wurst und Käse und dann noch Marmeladebrot zum Frühstück. Zum Mittagessen ißt er warm in der Kantine, und abends ißt er nochmal warm! Ich kaufe Joghurt und Obst für ihn, aber er mag nur Bier, Hamburger, Pommes frites und Schweinebraten – und Pizza! Er mag Tennis und Fußball – aber nur im Fernsehen und mit einer Flasche Bier. Und nächstes Jahr wird er 50! Was mach' ich bloß?

Write Here

8. Frühstück und Mittagessen

Make sentences about what Peter, Inge, and Herr and Frau Becker usually eat for breakfast and lunch, as in the example.

	Frühstück	Mittagessen
Peter	1 Ei, 1 Toast mit Butter, Kaffee	Tomatensuppe oder Omelett, Kaffee
Inge	Tee, Müesli mit Obst	ein belegtes Brot
Herr Becker	3 Eier, Käse, Wurst, Brot, Marmelade, Kaffee	Schweinebraten, Kartoffeln oder Pommes frites
Frau Becker	1 Marmeladebrot, Tee, Joghurt	Obst, Käsebrot, Mineralwasser

Example: Peter ißt normalerweise ... zum Frühstück. Er trinkt ...
Zum Mittagessen ißt er ..., und er trinkt ...

1. Inge:

---

2. Herr Becker:

---

3. Frau Becker:

UNIT 7: How much is this?

In this unit you will buy clothes, ask about sizes and prices, and say whether you like something or not.

Match Game

1. Im Geschäft

Match the beginnings and ends of the following sentences.

1. Der Rock hier gefällt ( )
2. Kann ich ( )
3. Ich möchte einen ( )
4. Was kostet ( )
5. Die Farbe ( )
6. Welche Größe ( )
7. Haben Sie ( )
8. Die Jeans hier ( )

a. blauen Pullover.
b. den in Größe 40?
c. diese Uhr hier?
d. ist schön.
e. haben Sie?
f. gefallen mir.
g. mir nicht.
h. Ihnen helfen?

Talking Point

2. Peters Geburtstagsgeschenk

It's Peter's birthday soon, and Inge is out shopping for a present with her friend Ursula. Read the conversation, and then answer the questions below.

Ursula: Sieh mal, das Hemd hier ist schön.

Inge: Ja, aber Peter mag braun nicht.

Ursula: Was für Farben trägt er denn normalerweise?

Inge: Er mag blau oder grau oder schwarz. Manchmal trägt er auch grün.

Ursula: Wie wär's denn mit dem hier? Die Farbe ist schön.

Inge: Welche Größe ist es? 38. Was kostet es? Wo ist das Etikett?

Ursula: Hier, was??? 150 Mark?

Inge:	Es ist aus Seide. Hmm, der Preis gefällt mir überhaupt nicht.
Verkäufer:	Guten Morgen. Kann ich Ihnen helfen?
Inge:	Oh ja, bitte. Ich möchte ein Baumwollhemd, in blau oder grau. Ein sportliches Hemd. Es ist für meinen Freund.
Verkäufer:	Welche Größe hat er?
Inge:	Ich weiß nicht. Vielleicht 38.
Verkäufer:	Sehen Sie, diese Hemden hier sind im Moment sehr in Mode. Oder diese vielleicht?
Inge:	Die sind schön. Was kosten sie?
Verkäufer:	80 Mark.
Inge:	Was? 80 Mark? So viel Geld habe ich nicht.
Ursula:	Wie wär's mit einer Krawatte? Sieh mal, die hier sind billig.
Inge:	Gute Idee. Ich möchte kein teures Geschenk. Ich mag Peter zur Zeit sowieso nicht besonders gern. Eine billige Krawatte ist eine gute Idee.

1. Welche Farben hat Peter gern? _____
2. Mag er braun? _____
3. Was kostet das Seidenhemd? _____
4. Möchte Inge ein Baumwollhemd oder ein Seidenhemd? _____
5. Hat sie 80 Mark? _____
6. Kennt sie Peters Größe? _____

Word Power

3. Kleider

Rearrange the letters to find items of clothing. Add the correct article.

Example: dilek **das Kleid**

1. mehd _____
2. sohe _____
3. slube _____
4. cork _____
5. ntamel _____

6. ajeck _____
7. hsecuh _____
8. üpmftsre _____
9. zangu _____
10. sütokm _____

Language Focus

4. Das grüne oder das blaue?

Add the correct ending to each adjective.

1. Was kostet das grün ___ Hemd?

2. Gefällt dir der grau ___ Pullover?

3. Möchten Sie einen schwarz ___ oder einen blau ___ Anzug?

4. Haben Sie eine weiß ___ Bluse in Größe 42?

5. Die braun ___ Schuhe sind zu groß.

6. Hier ist ein schwarz ___ T-Shirt.

7. Nein, grau ___ Hemden gefallen mir nicht.

8. Wie findest du die rot ___ Handtasche?

9. Sieh mal, hier ist ein gelb ___ Rock!

5. Was kostet es?

Ask and answer questions about these items, as in the example.

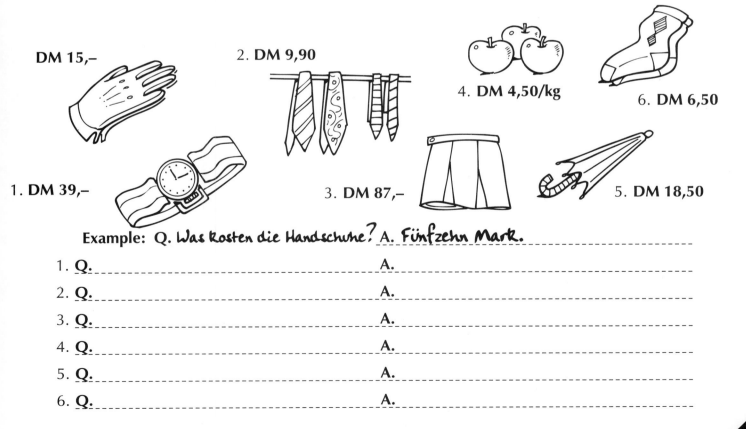

DM 15,–

2. DM 9,90

4. DM 4,50/kg

6. DM 6,50

1. DM 39,–

3. DM 87,–

5. DM 18,50

Example: Q. Was kosten die Handschuhe? A. Fünfzehn Mark.

1. Q. _____ A. _____

2. Q. _____ A. _____

3. Q. _____ A. _____

4. Q. _____ A. _____

5. Q. _____ A. _____

6. Q. _____ A. _____

Reading Corner

einkaufen (2x) kommen
kochen (3x) gehen (3x)
mögen (2x)

6. Wer kocht?

Read the description below, and fill in the blanks with the correct
form of the verbs in the box.

Frau Becker geht gern _____ , aber sie _____ gar nicht gern. Ihr Mann
_____ sehr gern, aber er _____ nicht gern einkaufen. Also _____ Frau
Becker normalerweise nach der Arbeit in den Supermarkt, und _____ für das
Abendessen _____ Dann, ungefähr um halb sieben, _____ ihr Mann nach Hause
und _____ das Abendessen. (Das kann manchmal schwierig sein, denn ihre Tochter
Silke _____ kein Fleisch, und ihr Sohn Thomas _____ keinen Fisch.) Am
Wochenende _____ manchmal die Kinder, und manchmal _____ sie alle ins
Restaurant. Das ist teuer – aber es ist einfach.

Write Here

7. Fragen beim Einkaufen

Make up appropriate questions to go with these answers.

Example: Q. Haben Sie Seidenhemden?

A. Nein, wir haben keine Seidenhemden.

1. **Q.** _____

A. Sie hat Größe 40.

2. **Q.** _____

A. Der Rock kostet 80,– DM.

3. **Q.** _____

A. Das Hemd ist blau.

4. **Q.** _____

A. Die Äpfel kosten 6,50 DM.

5. **Q.** _____

A. Ja bitte. Haben Sie Baumwollsocken?

6. **Q.** _____

A. Die Krawatten? Neben den Hemden.

UNIT 8: The bar's that way.

In this unit you will ask and give directions, and talk about stores and public buildings and their opening times.

Match Game

1. Es ist gleich links

Match the descriptions to the pictures.

1. gegenüber
2. das dritte Haus auf der rechten Seite
3. geradeaus
4. links
5. an der Kreuzung geradeaus
6. rechts
7. das zweite Gebäude auf der linken Seite
8. am Ende

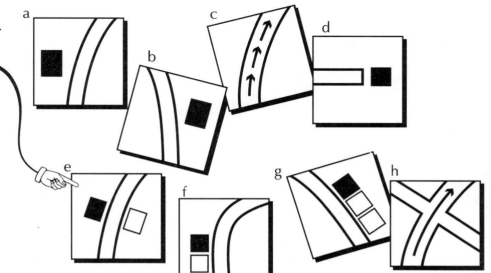

Talking Point

2. Nach dem Weg fragen

Peter is on his way to meet his girlfriend Inge for a drink, but he's late. As he hurries along the road, a young Japanese woman stops him. She's a tourist. Fill in the blanks with the correct word.

Touristin: Entschuldigen Sie.

Peter: Ja, bitte?

Touristin: Ich bin fremd hier. Ist das Rheinische Museum weit von hier?

Peter: Es ist nicht weit. (sehen/kennen) _____ Sie das Postamt (in/an) _____ der Ecke da? Biegen Sie (dort/hier) _____ links ab – das ist die Poststraße. Gehen Sie (unter/über) _____ die Rheinbrücke und dann weiter die Poststraße entlang. Dann (sehen/wissen) _____ Sie eine große Kirche. Biegen Sie da rechts (ab/um) _____ , und das Rheinische Museum ist auf der linken Seite. Sie sehen ein großes Schild (über/unter) _____ dem Eingang. Es ist ganz leicht zu finden.

Touristin: Tut mir leid. Biege ich links (und/oder) _____ rechts ab am Postamt? Und wo ist die Brücke? Tut mir leid, aber ich verstehe das nicht.

Peter: Also gut, kommen Sie mit (mich/mir) _____ mit. (He goes with her.) Hier ist das Postamt. Biegen Sie hier links ab. Hier ist die Brücke. Ach übrigens, (wo/woher) _____ kommen Sie?

Touristin: Ich bin aus Japan. (She sees Inge across the road.) Die Frau da, ist das Ihre Freundin?

Peter: Ja, das ist Inge. Ähm, hallo.

Inge: Hallo!

Word Power

3. Zahlen

Fill in the boxes with the ordinal numbers: first, second, etc. Use the form ending in -e: *erste* etc.

4. Wo tut man was?

Choose one of the words in the box to complete the sentences.

1. Bücher liest man in einer _____ .

2. Briefmarken kauft man auf einem _____ .

3. Man schwimmt in einem _____ .

4. Geld leiht man von einer _____ .

5. Lebensmittel kauft man in einem _____ .

6. Man ißt in einem _____ .

7. Bier trinkt man in einer _____ .

Postamt
Schwimmbad
Restaurant
Kneipe
Bibliothek
Supermarkt
Bank

Language Focus

5. Wo finde ich was?

Fill in the blanks with *auf, an, in/im, um.*

1. Die Kinderabteilung ist _____ zweiten Stock.

2. Ich habe keine Garage. Ich parke _____ der Straße.

3. Biegen Sie _____ der Kirche links ab.

4. Unser Haus ist das zweite _____ der linken Seite.

5. _____ welchem Stock ist Peters Büro?

6. Das Schwimmbad schließt sonntags _____ 17.30.

7. Das Postamt ist _____ der Rheinstraße.

8. Unser Haus liegt _____ der Ecke.

6. Wortstellung

Put the words into the correct order to make proper sentences.

1. Sie/es/eine/hier/in der Nähe/Telefonzelle/gibt/entschuldigen.

   _____

2. Stock/Männerbekleidung/es/vierten/gibt/im.

   _____

3. zwölf/die/schließen/schon/Kneipen/halb/am Wochenende.

   _____

4. rechts/Hotel/biegen/an/großen/dem/Sie/ab.

   _____

5. bis/ist/Freitag/Bibliothek/geöffnet/Uhr/Montag/die/neun/ab/morgens.

   _____

6. Kreuzung/an/geradeaus/Sie/der/gehen.

   _____

Reading Corner

7. Wo ist die Party?

Maria Becker has invited several of the employees at Winter AG to a party at her house. Read her instructions of how to get to her house, and then mark it on the map.

Von der Winter AG biegen Sie an der Kreuzung links ab und fahren die Straße entlang in Richtung Bonn. Fahren Sie über den Rhein, und dann nehmen Sie die zweite rechts, das ist die Waldstraße. Immer geradeaus, über die Brücke bis an eine Kreuzung. Links ist eine Telefonzelle. Da biegen Sie links ab. Und unser Haus ist das zweite auf der rechten Seite. Es ist ganz leicht zu finden.

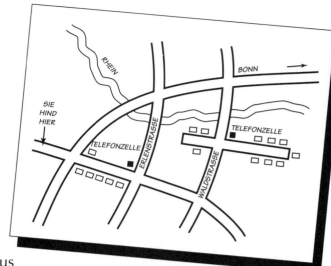

Write Here

8. Wann haben Sie geöffnet?

Look at the opening times of the various places, and say when they are open, as in the example.

Example: *Dienstags bis freitags hat das Schwimmbad von 9 Uhr bis 19 Uhr geöffnet. Samstags und sonntags hat es von 10 Uhr bis 17.30 Uhr geöffnet. Montags ist es geschlossen.*

1. _____

   _____

   _____

2. _____

   _____

   _____

3. _____

   _____

   _____

UNIT 9: *Did you have a good weekend?*

In this unit you will talk mainly about what happened in the past. You will also ask questions about it.

Match Game

1. Verben

Match the beginnings and endings of these sentences. Some are questions, but all the question marks have been left out.

1. Ich habe Tennis
2. Wir haben Freunde
3. Peter hat sein Auto
4. Meine Eltern waren
5. Hattest du
6. Seid ihr schwimmen
7. Hast du einen Pullover
8. Wir sind zu spät zur Arbeit
9. Iris hat am Wochenende
10. Der Zug ist um 7.30 Uhr

( ) a. eingekauft.
( ) b. angekommen.
( ) c. gekommen.
( ) d. gekauft.
( ) e. verkauft.
( ) f. gespielt.
( ) g. Besuch.
( ) h. zu Hause.
( ) i. getroffen.
( ) j. gegangen.

Talking Point

2. Wie war das Wochenende?

At work on Monday morning Peter tells the receptionist, Frau Schmidt, about his weekend. Fill in the blanks with the correct form of the verb.

Fr. Schmidt: Wie (sein) **war** Ihr Wochenende, Herr Graf?

Peter: Nicht gut. Überhaupt nicht gut.

Fr. Schmidt: Warum? Was (passieren) _____ ?

Peter: Inge und ich (haben) _____ am Samstag Streit.

Fr. Schmidt: Oh, ach so. Warum (haben) _____ Sie Streit?

Peter:	Sie (sehen) _____ mich mit einer anderen Frau _____.
Fr. Schmidt:	Aber Herr Graf!
Peter:	Nein, nein. Sie (sein) _____ doch nur eine Touristin! Sie (fragen) _____ mich nach dem Rheinmuseum _____, und ich (helfen) _____ ihr _____. Sie (verstehen) _____ mich nicht richtig_____, also (gehen) _____ ich mit ihr zum Rheinmuseum _____ Sie (sein) _____ Japanerin. Sie (sein) _____ sehr nett.
Fr. Schmidt:	Aber Sie (sein) _____ doch mit Inge verabredet.
Peter:	Ja, natürlich. Das (sein) _____ ja das Problem. Ich (sein) _____ zu spät dran. Und dann (sehen) _____ Inge uns in der Poststraße _____.

Word Power

3. Was paßt nicht?

Circle the word which doesn't belong in each group.

1. Tennis   Schwimmen   Sportzentrum   Badminton   Laufen
2. Brücke   Restaurant   Kneipe   Postamt   Bibliothek
3. gegessen   gegangen   gespielt   getroffen   sehen
4. heute morgen   gestern   vorgestern abend   letzte Woche   nachmittags
5. wo   wann   weiß   was   wer

Language Focus

4. Plural

Fill in the plurals of the words in the chart.
Also add the correct article where appropriate.

Singular	Plural
ich	
Kind	
Mann	
Bibliothek	
Zug	
Pullover	
Familie	
dies	
Person	

5. War oder hatte? Haben oder sein?

Fill in the blanks.

1. Ich _____ Glück. Der Zug _____ Verspätung. Ich _____ zu spät dran.
2. Wo _____ du gestern? Wir _____ doch verabredet.
3. Das _____ ich vergessen.
4. Ich _____ zu schnell gefahren.
5. Mein Vater _____ einen Unfall.
6. Wer _____ gestern in der Kneipe?
7. _____ wir diesen Film nicht schon gesehen?
8. Warum _____ du nicht zu Hause geblieben? Du _____ doch krank.
9. Gestern _____ ich verschlafen. Ich _____ viel zu spät _____ aufgestanden und _____ zu spät zur Arbeit gekommen.
10. Meine Freundin _____ mir schon lange nicht mehr geschrieben.

6. Fragen

Make questions to fit the answers, as in the example.

Example: Q. Wann seid ihr in die Kneipe gegangen?

A. Wir sind um halb acht in die Kneipe gegangen.

1. **Q.** Wohin _____?

   A. Ich bin gestern nach Berlin gefahren.

2. **Q.** Wann _____?

   A. Ich habe sie am Sonntag getroffen.

3. **Q.** Was _____ im Restaurant _____?

   A. Wir haben Fisch gegessen.

4. **Q.** Wie viele Bücher _____ aus der Bibliothek _____?

   A. Ich habe drei Bücher geliehen.

5. **Q.** Wo _____?

   A. Wir sind im Stadtzentrum einkaufen gegangen.

Reading Corner

7. Inges Tagebuch

Inge always writes in her diary before she goes to bed. Read the section below, and then answer the questions.

Example: Q. Mit wem war Inge verabredet?
A. _Mit Peter._

1. Wo hat sie ihn gesehen?

   ----

2. Hat Inge die Frau gekannt?

   ----

3. Haben Peter und die Frau Inge gesehen?

   ----

4. Wohin ist Inge gegangen?

   ----

5. Wen hat sie angerufen?

   ----

6. Wer hat Inge angerufen?

> Samstag
>
> Ich habe mich heute sehr geärgert. Ich war mit Peter verabredet, und ich war ein bißchen zu spät dran. Dann habe ich ihn in der Poststraße gesehen. Mit einer Frau! Ich habe sie nicht gekannt. Sie war sehr hübsch. Sie hat mich zuerst gesehen, dann hat Peter mich gesehen. Aber er hat nichts gesagt. Wer war sie? War sie seine neue Freundin? Ich war sehr böse und bin nach Hause gegangen. Ich habe meine Mutter angerufen und ihr die Geschichte erzählt. Sie war gar nicht überrascht. Dann hat Peter angerufen, und wir hatten am Telefon Streit. Ich mag ihn eigentlich gar nicht mehr. Das habe ich ihm gesagt – er war ein bißchen überrascht. Tschüs, Peter!

Write Here

8. Was hat Frau Becker am Wochenende gemacht?

Frau Becker writes a letter to a friend and tells her about her weekend. Write the letter for her folllowing the suggestions below.

Samstag: morgens einkaufen Supermarkt; dann Schuhe kaufen für Thomas; nachmittags spazierengehen mit Hund; abends Kino mit Petra.

Sonntag: ausschlafen! treffen mit Frank und Iris – Tennis-Doppel; abends fernsehen.

Liebe Sabine, ich war am Wochenende sehr beschäftigt. Am Samstag...

UNIT 10: On vacation

In this unit you will discuss vacations and the weather, and get more practice talking about the past.

Match Game

1. Typische Antworten

Match the questions to the answers. There may be more than one possible answer!

1. Hat dir Mexiko gefallen?
2. Ist es in Spanien im Sommer heiß?
3. Ist deine Schwester letztes Jahr zelten gefahren?
4. Sind deine Eltern mit dem Zug gefahren?
5. Gehst du im Winter immer Skilaufen?
6. Bist du mit deinem Freund gefahren?
7. War euer Hotel am Meer?
8. Fährt sie gern Ski?

( )
( )
( )
( )
( )
( )
( )
( )

a. Nein, sie war im Hotel.
b. Nein, allein.
c. Ja, wie immer.
d. Ja, besonders in Madrid.
e. Nein, etwa 2 km weg.
f. Ja, sehr gern.
g. Ja, sehr gut.
h. Nicht immer, aber oft.

Talking Point

2. Hotel oder Zelt?

Peter has been looking at some travel brochures and planning his vacation while waiting for his friend Jürgen to arrive at a bar for a drink. Fill in the blanks in their conversation with the correct form of the verb.

Jürgen: Was hast du da? Urlaubskataloge?

Peter: Ja, für meinen Sommerurlaub. Letztes Jahr (fahren) _____ ich in die Türkei _____ , und es (gefallen) _____ mir sehr gut _____.

Jürgen: Wo (wohnen) _____ du _____ ? In einem Hotel?

Peter: Ja, es (sein) _____ ein großes Hotel, am Meer, mit einem Schwimmbad und einem guten Restaurant, und jeden Abend gab es eine Disco.

Jürgen: Ich (hassen) _____ diese großen Hotels!

Peter: So? Warum? Es (sein) _____ ganz toll. Ich habe viel (essen) _____ , (trinken) _____ , und ich (kennenlernen) _____ viele sehr attraktive Frauen _____ . Wo (sein) _____ du denn letztes Jahr?

Jürgen: Ich (haben) _____ nicht viel Geld, also (fahren) _____ ich mit ein paar Freunden in den Schwarzwald zelten _____. Das (machen) _____ viel Spaß _____.

Peter: Zelten? Pfui Teufel! War es nicht kalt und naß?

Jürgen: Nein, gar nicht. Das Wetter (sein) _____ sehr gut, und wir (wandern gehen) _____ ,(schwimmen) _____ und (besuchen) _____ einige Städte _____ .

Peter: (kochen) _____ ihr auch _____ ?

Jürgen: Manchmal (kochen) _____ wir selbst _____ , und manchmal (gehen) wir essen _____ , in billigen Restaurants. Und wir (kennenlernen) _____ auch viele attraktive Frauen _____.

Peter: Das glaube ich nicht.

Word Power

3. Viele Jahre ...

Write the years out in words, as in the example.

Example: 1979 *neunzehnhundertneunundsiebzig*

1. 1985 _____
2. 1960 _____
3. 1881 _____
4. 1994 _____

5. 1700 _____
6. 1978 _____
7. 1990 _____
8. 1912 _____

4. Welches Verkehrsmittel?

Rearrange these words to find some different ways of travelling.

Example: ubs *Bus*

1. rfadrah _____
2. hanb _____
3. tuao _____
4. axit _____

5. omdartor _____
6. trenßashanb _____
7. räfeh _____
8. guzegful _____

Language Focus

5. Verben in der Vergangenheit

Complete the list in the boxes by filling in the perfect or infinitive forms of the verbs. Follow the example.

Infinitive	Past
gehen	ich bin gegangen
	ich habe gearbeitet
kontrollieren	
	ich habe ferngesehen
essen	
	ich habe vergessen
schwimmen	
	ich habe gebraucht
trinken	
	ich bin gefahren
bleiben	
	ich habe kennengelernt
wohnen	
	ich bin gewandert
einkaufen	
	ich habe ausgeschlafen

6. Nein, das ist falsch ...

Disagree with the following statements, as in the example.

Example: Sie sind gewandert (skifahren).

Nein, sie sind nicht gewandert, sondern skigefahren.

1. Sie ist jeden Tag im Meer geschwommen. (Schwimmbad)

   ----

2. Frau Becker hat mit ihrer Familie im Hotel gewohnt. (Zelt)

   ----

3. Wir sind 1989 nach Österreich gefahren. (1988)

   ----

4. Sie haben jeden Abend Bier getrunken. (Wein)

   ----

5. Sie sind mit dem Auto gefahren. (Bahn)

   ----

6. Er hat den Reifendruck kontrolliert. (Ölstand)

Reading Corner

7. Alles Interessante über Maria Becker ...

Read the information about Maria Becker and then write questions to go with the answers below.

1. **Q.**_____
   A. 1944.

2. **Q.**_____
   A. 1954.

3. **Q.**_____
   A. nach Deutschland.

4. **Q.**_____
   A. in Heidelberg.

5. **Q.**_____
   A. Politik und Wirtschaft.

6. **Q.**_____
   A. 1969.

> Maria Becker ist 1944 in Österreich geboren. Ihre Mutter war Lehrerin, und ihr Vater war Ingenieur. Die Familie ist 1954 nach Deutschland gekommen. Maria war zehn. Sie haben in Stuttgart gewohnt. Maria hat in Heidelberg von 1953 – 1958 Politik und Wirtschaft studiert. Sie war eine gute Studentin. Sie hat auch gern Reisen gemacht, und sie ist in Europa, Afrika und Indien unterwegs gewesen, mit der Bahn oder mit dem Bus. Nach der Uni ist sie nach Köln gezogen und hat dort ihren Mann kennengelernt. Sie haben 1969 geheiratet.

Write Here

8. Checkliste

Frau Becker and her family are going camping this weekend, and Frau Becker made a list of the things she has to do today. Her husband asks her in the evening whether she has done everything.

Example: Öl und Wasser prüfen. ✔ *H. Becker: Hast du Öl und Wasser geprüft?*
Fr. Becker: Ja, das habe ich gemacht.

1. Zeltplatz anrufen ✔ _____

2. Lebensmittel einkaufen ✔ _____

3. Auto waschen ✗ _____

4. zur Bank gehen ✔ _____

5. Wanderschuhe putzen ✗ _____

UNIT 11: Can you speak French?

In this unit you will talk about what you can do and what you can't do, you will give reasons for doing something, and talk about jobs.

Match Game

1. Verben

Match each verb with the most appropriate phrase.

1. fahren	( )	a. den Führerschein
2. sprechen	( )	b. ein Omelett
3. bedienen	( )	c. ein Lied
4. spielen	( )	d. einen Bus
5. zubereiten	( )	e. Gitarre
6. haben	( )	f. Schreibmaschine
7. singen	( )	g. französisch und deutsch
8. schreiben	( )	h. einen Computer

Talking Point

2. Ja, das kann ich

Inge wants to get away from Köln for a while – so today she's gone for a job interview with a travel company. Fill in the blanks with an appropriate verb from the box.

anfangen	lernen	Schreibmaschine schreiben	können (2x)
schreiben	fahren (2x)	haben	lieben	arbeiten

Inge: Ich kann _____ , und ich kann mit Computern _____.

Fr. Benz: Das ist nicht so wichtig. Wir haben viele Sekretärinnen. Können Sie Fremdsprachen?

Inge: Ja, ich _____ Spanisch und Englisch und ein wenig Französisch.

Fr. Benz: Gut. Können Sie sie auch _____ ?

Inge: Ja, Spanisch und Englisch sehr gut, und Französisch ziemlich gut.

Fr. Benz: Und _____ Sie einen Führerschein? Können Sie einen Kleinbus _____ ?

Inge: Einen Kleinbus? Nein, das kann ich nicht. Ich kann ein Auto _____, aber keinen Bus.

Fr. Benz:	Keine Sorge, das können Sie _____. Mögen Sie Hitze?
Inge:	Oh ja. Ich habe lange in Spanien gelebt. Ich _____ Hitze.
Fr. Benz:	Sehr gut, sehr gut. Möchten Sie einen Job?
Inge:	Als Sekretärin?
Fr. Benz:	Nein, als Reiseleiterin für deutsche Touristen. In Australien.
Inge:	Das wäre fantastisch.
Fr. Benz:	Gut. Noch eine letzte Frage: Können Sie morgen _____?

Word Power

3. Berufe

Make up questions to go with the answers.

1. **Können Sie Klavier spielen?** _____ Ja, ich bin Pianist von Beruf.

2. _____ Ja, ich bin Fotograf von Beruf.

3. _____ Ja, ich bin Französischlehrerin von Beruf.

4. _____ Ja, ich bin Sekretärin von Beruf.

5. _____ Ja, ich bin Chefkoch von Beruf.

6. _____ Ja, ich bin Busfahrer von Beruf.

7. _____ Ja, ich bin Opernsänger von Beruf.

4. Noch mehr Berufe

See how many jobs you can find in the word square.

```
A F O T O M O D E L L N E P C
F B Ä C K E R T O B E R S O B
D O R R E C H T S A N W A L T
I N K O C H Z M A U R E R I A
T M R S O A A I K E J S Z Z X
H O S T P N H T A R S Ä T I I
E A M U Q I N H U G F N M S F
R I V E R K Ä U F E R G P T A
A L E H R E R J F Q J E L I H
P J P L I R Z S R P C R O N R
E L O O Q U T C A R T I S T E
U I N G E N I E U R I N F E R
T E L E F O N I S T F M S R C
```

Language Focus

5. mögen, können, müssen

Please insert the correct verb into the blank using its correct form.

Example: Ich **möchte** gern Tennis spielen, aber ich **muß** arbeiten.

1. _____ du Klavier spielen? Sehr gut sogar!

2. Wir _____ noch nicht ins Bett. Wir _____ noch fernsehen.

3. Wir _____ leider gehen. Es ist schon spät.

4. _____ Petra gut Schreibmaschine schreiben? Nein, aber sie _____ einen Kurs machen.

5. _____ ihr noch in die Kneipe gehen? Nein, wir sind müde.

6. Thomas _____ ins Krankenhaus. Die Ärzte _____ ihn operieren.

6. Sätze mit weil

Complete these sentences by adding *weil* and choosing reasons from those listed below. There may be more than one possible reason!

> sie kein Geld hat
> ich krank bin
> das ein interessanter Beruf ist
> ich kein Geld habe
> sie geschlossen war
> es zu kalt war
> man viele Leute trifft
> sie Fremdsprachen liebt
> man viel Geld verdient

1. Tut mir leid, ich kann morgen nicht schwimmen gehen, weil _____

2. Ich kann nicht einkaufen gehen, weil _____

3. Inge möchte gern Reiseleiterin werden, weil _____

4. Lisa lernt Englisch, weil _____

5. Ich bin nicht in die Bibliothek gegangen, weil _____

6. Viele Kinder möchten Pilot werden, weil _____

Reading Corner

7. Inges Nachricht an Peter

Read Inge's note to Peter, and then answer the questions below, beginning each one with *weil...*

1. Warum kann sie ihn morgen nicht treffen?

   Weil _____

2. Warum kann sie ihn nächste Woche nicht treffen?

   _____

3. Warum hat sie ihm nicht alles gestern erzählt?

   _____

4. Warum mag sie Köln nicht mehr?

   _____

5. Warum mag sie Australien?

   _____

> Tut mir leid, aber ich kann Dich morgen nicht zum Mittagessen treffen — ich habe eine neue Stelle. Ich kann Dich diese Woche gar nicht sehen und nächste Woche auch nicht — ich bin sehr beschäftigt. Gestern abend habe ich Dich angerufen, aber Du warst nicht zu Hause. Warst Du mit dieser Touristin zusammen? Aber das ist jetzt nicht mehr wichtig. Ich mag Köln nicht mehr — es ist zu kalt und naß. Nächste Woche fliege ich nach Australien. Ich liebe Australien — es ist immer warm. Also tschüs, Deutschland, und tschüs, Peter.

Write Here

8. Kurzporträt einer Person

Use the following dates and information to write up a short portrait of Stefanie Benz.

> 1958 geboren; 1964–1974 zur Schule gegangen; Traumberuf: Ballettänzerin; 1974–1977 Kauffrau gelernt; 1982 Computerkurs gemacht; 1983–1985 Abendschule Englisch gelernt; 1984 geheiratet; Beruf jetzt: Fremdsprachensekretärin; Fremdsprachen: Englisch (sprechen sehr gut, schreiben gut), Französisch (sprechen gut, schreiben nein); 1986 5 Monate in Frankreich; Traum: in USA leben; Hobbys: sehr gut und gern Tennis.

Begin like this:

Frau Benz ist 1958. _____ Sie ist 1964–1974 zur Schule gegangen. _____

_____

_____

_____

_____

UNIT 12: Review

Unit 12 gives you a chance to review the work you did in Units 1–11.

1. Zahlen

Write the numbers down as words.

1. 1.   *der* ----------------
2. 4,50 DM ----------------
3. 16 ----------------
4. 60 ----------------
5. 19,500 ----------------
6. 3.   *der* ----------------
7. 1984 ----------------
8. 0,75 DM ----------------

2. Finden Sie den Fehler

Each sentence has one mistake in it. Rewrite the sentences correctly.

Example: Ich gehe heute in den Bibliothek. *Ich gehe heute in die Bibliothek.*

1. Heute morgens bin ich um 8.00 Uhr aufgestanden.

----

2. Hast du schon im Supermarkt geeinkauft?

----

3. Wir haben 2 Stunden spazierengegangen.

----

4. Ich möchte gern ein Salatteller.

----

5. Das essen war sehr gut.

----

6. Der Käse ist in der Kühlschrank.

----

3. Sätze

Put the following words in the correct order to make proper sentences. Begin the sentences as suggested.

1. sehe/jeden/fern/ich/Abend

   Jeden _____

2. heute/spazieren/weil/nicht/kalt/gehen/es/wir/ist

   Heute _____

3. kann/Tischtennis/nicht/gut/ich/besonders/spielen

   Ich _____

4. möchte/Reis/Kartoffeln/lieber/keinen/er/sondern

   Ich _____

5. bis/15.00 Uhr/das/heute/geschlossen/18.00 Uhr/von/Restaurant/hat

   Das _____

6. in/abend/wir/vielleicht/Samstag/die/gehen/Disco

   Vielleicht _____

4. Gegenteil

Find the opposites to the following words or phrases.

1. in der Nähe   _____
2. schwarz   _____
3. schwierig   _____
4. Onkel   _____
5. Tag   _____
6. Sommer   _____

7. ledig   _____
8. immer   _____
9. heiß   _____
10. geschlossen   _____
11. hell   _____
12. vor dem Haus   _____

5. W-Fragen

Ask *w*-questions to go with the following answers.

1. **Q.** _____   **A.** Das macht 50, DM zusammen.
2. **Q.** _____   **A.** Ich fahre nach Hamburg.
3. **Q.** _____   **A.** Ich war gestern zu Hause.
4. **Q.** _____   **A.** Die Bibliothek ist bis 9.00 Uhr geöffnet.
5. **Q.** _____   **A.** Meine Tochter ist 10 Jahre alt.
6. **Q.** _____   **A.** Ich möchte gerne das blaue (Hemd).

6. Machen Sie es negativ!

Put the following sentences into the negative, using *nicht* or *kein*.

Example: Wir essen heute Steak.   _Nein, wir essen heute kein Steak._

1. Wir sind gestern ins Kino gegangen. _____

2. Seine neue Stelle gefällt ihm sehr gut. _____

3. Ich habe heute morgen Obst gekauft. _____

4. Möchtest du ein Bier? _____

5. Mein Haus hat einen großen Garten. _____

6. Das Wetter ist hier immer schön. _____

7. Einen Brief neu schreiben

Rewrite the following letter, in the positive.

Liebe Petra,

ich bin hier in Österreich im Urlaub. Es gefällt mir gar nicht hier. Das Wetter ist immer schlecht. Und es ist langweilig. Man kann nichts machen, nur schlafen und lesen. Man kann nicht Tennis spielen, nicht schwimmen (es ist zu kalt), keine Leute treffen. Ich bin meistens allein, weil es nur alte Leute hier gibt. Abends ist es besonders langweilig. Es gibt keine Kneipen und keine Discos. Ich gehe immer schon um neun Uhr ins Bett. Das Essen ist auch furchtbar. Ich möchte bald nach Hause kommen.
Liebe Grüße, Erika.

Liebe Petra, ich bin hier in Österreich im Urlaub. Es gefällt mir sehr gut hier.

_____

_____

_____

_____

_____

_____

8. Perfekt + haben oder sein?

Do these verbs go with *haben* or *sein* in the perfect tense?

1. haben _____
2. machen _____
3. fernsehen _____
4. trinken _____

5. essen _____
6. verlieren _____
7. brauchen _____
8. bringen _____

9. bekommen _____
10. bleiben _____
11. fahren _____
12. telefonieren _____

9. Kreuzworträtsel

Waagerecht:

2. Man liest sie jeden Tag.
3. Gegenteil von Sommer
5. Es ist gleich um die _____.
6. Er arbeitet im Restaurant.
8. Äpfel, Kirschen, Bananen sind _____.
10. Samstag und Sonntag = _____
11. Wir trinken Orangen _____.
13. eine warme Vorspeise
15. Die Woche hat _____ Tage.
16. Ich nehme kein Bad, sondern eine _____.
18. 24 Stunden sind ein _____.
19. Ein Mann trägt ihn.
20. Plural von 6 senkrecht
21. Gegenteil von alt
22. eine Fleischsorte

Senkrecht:

1. Es ist oft schlecht.
2. Mein Bruder ist gleich alt wie ich. Er ist mein _____.
4. Man kann es zum Frühstück essen.
6. Meine Tochter oder mein Sohn ist mein _____.
7. eine Farbe
9. Vier Wochen sind ein _____.
12. Gegenteil von Antwort
14. In diesem Restaurant gibt es gutes _____.
17. Gebäude

UNIT 13: What does she look like?

In this unit you will talk about people and what they are, and describe what they look like. You will also take a closer look at adjectives.

Match Game

1. Wer ist wer?

Match the words to the appropriate picture.

1. groß
2. dick
3. dunkelhaarig
4. blond
5. stark
6. alt
7. glücklich
8. schlank

Talking Point

2. Wie sieht er aus?

Read the conversation between Maria and Walter Becker, and then say if the statements below are true or false.

W.B: Ich habe gestern euren neuen Kaufmann in der Kneipe gesehen. Er war ziemlich betrunken.

M.B: So? Wer war das denn?

W.B: Ich weiß seinen Namen nicht. Ich habe ihn letzte Woche bei eurer Büroparty gesehen.

M.B: Wie sieht er denn aus?

W.B: Groß und schlank. Er hat lange, dunkle Haare. Er ist ungefähr 30.

M.B: Das ist Peter Graf. Er hat eine große Nase, aber er sieht ganz gut aus.

W.B: Ja, das ist er. Er war nicht sehr glücklich gestern abend. Und er hat eine Menge getrunken.

M.B:	Der Grund ist, daß seine Freundin eine neue Stelle bekommen hat. Sie ist gestern nach Australien geflogen. Sie arbeitet dort als Reiseleiterin.
W.B:	Die attraktive junge Frau? Mit den kurzen Haaren? Sie trägt immer große Ohrringe?
M.B:	Ja, das ist sie. Warum? Kennst du sie?

1. Peter war gestern in der Kneipe.   *richtig/falsch*

2. Walter war gestern abend bei der Büroparty.   *richtig/falsch*

3. Peter ist dunkelhaarig.   *richtig/falsch*

4. Peter ist dick.   *richtig/falsch*

5. Peter hat gestern eine Menge getrunken, weil er glücklich war. *richtig/falsch*

6. Peters Freundin mag große Ohrringe.   *richtig/falsch*

Word Power

3. Gegenteile

What are the opposites of these words?

1. traurig   _ _ _ _ _ _ _ _ _ _ _ _ _ _ _ _ _

2. jung   _ _ _ _ _ _ _ _ _ _ _ _ _ _ _ _ _

3. billig   _ _ _ _ _ _ _ _ _ _ _ _ _ _ _ _ _

4. lang   _ _ _ _ _ _ _ _ _ _ _ _ _ _ _ _ _

5. blond   _ _ _ _ _ _ _ _ _ _ _ _ _ _ _ _ _

6. groß   _ _ _ _ _ _ _ _ _ _ _ _ _ _ _ _ _

7. schwer   _ _ _ _ _ _ _ _ _ _ _ _ _ _ _ _ _

8. dünn   _ _ _ _ _ _ _ _ _ _ _ _ _ _ _ _ _

4. Das Gesicht

Can you name these parts of the face?

1. _ _ _ _ _ _ _ _ _ _ _ _ _ _

2. _ _ _ _ _ _ _ _ _ _ _ _ _ _

3. _ _ _ _ _ _ _ _ _ _ _ _ _ _

4. _ _ _ _ _ _ _ _ _ _ _ _ _ _

5. _ _ _ _ _ _ _ _ _ _ _ _ _ _

6. _ _ _ _ _ _ _ _ _ _ _ _ _ _

7. _ _ _ _ _ _ _ _ _ _ _ _ _ _

8. _ _ _ _ _ _ _ _ _ _ _ _ _ _

Language Focus

5. Komparativ und Superlativ

Fill in the appropriate form of the words in the chart.

Adjektiv	Komparativ	Superlativ
1. kurz	kürzer	am kürzesten
2.		am ältesten
3.	besser	
4. lang		
5.	glücklicher	
6.		am schmalsten
7. schwer		
8. groß		
9.	leichter	
10.		am teuersten

6. Adjektive haben auch Endungen!

Fill in the blanks with the correct endings.

1. Herr Becker trägt einen schwarz _____ Pullover.

2. Magst du lang _____ Röcke?

3. Ich habe eine groß _____ Sonnenbrille gekauft.

4. Lisa trägt heute eine kurz _____ Hose und ein weiß _____ T-Shirt.

5. Gefällt dir das rot _____ Kleid?

6. Kennst du die neu _____ Nachbarn schon?

7. Wie ist deine neu _____ Chefin?

8. Ich mag meine alt _____ Kleider nicht mehr.

9. Blau _____ Augen finde ich schön.

10. Wie findest du die seiden _____ Bluse da?

Reading Corner

7. Eine neue Bekanntschaft

Peter's friend Stefan has arranged a blind date for him with another friend, Margot. Below is the note that Peter wrote to Margot, arranging when and where to meet. Fill in the blanks with one of the words from the box.

Haar   habe   trage
so alt   jünger   treffen
größer   braune

Hallo! _____ wir uns am Freitag in der Kneipe, sagen wir um halb acht? Ich bin ungefähr _____ wie Stefan, aber ich sehe _____ aus! Ich bin auch als er. Ich habe dunkle _____ Augen. Ich _____ und _____ immer Jeans und eine schwarze Lederjacke. Entschuldige, ich _____ kein Foto. Bis Freitag. Peter.

Write Here

8. Leute

Answer the questions below with complete sentences, as in the example:

	Stefan	Dieter	Margret
Alter	27	34	31
Größe	189cm	184cm	178cm
Gewicht	74kg	92kg	61kg
Haare	dunkel, lang	dunkel, lang	blond, lang

Example: Wer ist am leichtesten?   Margret ist am leichtesten. _____

1. Wer ist am schwersten?   _____

2. Wer ist am ältesten?   _____

3. Wer ist am jüngsten?   _____

4. Wer ist am größten?   _____

5. Wer ist jünger als Margret?   _____

6. Wer ist kleiner als Stefan?   _____

7. Wer hat dunklere Haare als Margret?   _____

8. Wer hat die kürzesten Haare?   _____

UNIT 14: I'm having a great time!

In this unit you will talk about things that are happening at the moment, about vacations, the weather, and about reasons and consequences.

Match Game

1. Das Wetter

Match the most appropriate sentences. *Also* and *deshalb* are interchangeable.
Don't forget to change the word order.

1. Es schneit heute
2. Es regnet heute
3. Heute scheint die Sonne
4. Heute ist es neblig
5. Es ist heute windig
6. Es ist heute sehr heiß

also
deshalb

a. wir können nicht radfahren.
b. wir können die Hand nicht vor den Augen sehen.
c. ich trage eine Mütze und Handschuhe.
d. die Kinder schwimmen alle im Meer.
e. ich sitze im Garten.

Talking Point

2. Alte Freunde

Lisa, Peter's sister, is visiting Hamburg and calls up an old friend of hers, Dagmar, who lives there and whom she hasn't seen for some time. Dagmar's husband Jürgen answers the phone. Fill in the blanks in their conversation with a word from the box.

**sollen sein putzen anrufen machen (2x) arbeiten
wohnen suchen waschen können müssen**

Lisa: Hallo, Jürgen, bist du's? Hier ist Lisa.

Jürgen: Lisa! Lange nichts von dir gehört. Wie geht's dir?

Lisa: Gut. Und dir?

Jürgen: Prima. Wo _____ du denn im Moment? _____ du aus Köln _____ oder bist du hier in Hamburg?

Lisa: Ich bin in Hamburg.

Jürgen: Was _____ du hier? Ferien?

Lisa: Nein, eigentlich nicht. Ich studiere doch Wirtschaft, und ich kann hier ein Praktikum machen.

Jürgen: _____ du schon hier?

Lisa: Nein, noch nicht. Ich _____ im Moment ein Zimmer. Aber wie geht es dir? Was _____ du gerade?

Jürgen: Jetzt im Moment? Ich _____ Wäsche und _____ das Haus.

Lisa: Wo ist Dagmar?

Jürgen: Dagmar _____ heute im Büro. Sag mal, hast du heute abend Zeit? Möchtest du zum Abendessen kommen?

Lisa: Wer kocht denn?

Jürgen: Ich natürlich. Und vielleicht _____ du bei uns wohnen. Ich _____ mal Dagmar fragen.

Lisa: Fantastisch! Ich freue mich. Um wieviel Uhr _____ ich kommen?

Word Power

3. Finden Sie das Land

Where does Frau Becker want to go on vacation this year?
Fill in the clues to find the answer.

1. Inge _____ gerade eine Postkarte an ihre El

2. Es ist heiß heute, also _____ wir viel Miner

3. Stefan _____ im Moment als Kellner.

4. Wer _____ das Lied?

5. Die Kinder _____ alle im Meer.

6. Frau Becker _____ jede Nacht 8 Stunden.

7. Walter Becker _____ gerade in der Sonne.

8. Meine Eltern _____ jetzt mit dem Bus oder mit der Bahn.

9. Peter _____ zur Zeit in einer kleinen Wohnung in Köln.

Language Focus

4. können, müssen, sollen?

Fill in the blanks with the most appropriate verb.

1. _____ du kochen? Ja, aber nicht sehr gut.

2. Vielleicht _____ er bei uns ein Praktikum machen.

3. Mein Arzt sagt, ich _____ keinen Kaffee trinken.

4. Wir _____ jeden Tag einkaufen.

5. Warum _____ ihr schon gehen? Es ist doch erst zehn Uhr.

6. Ich habe dir doch gesagt, du _____ nicht so laute Musik hören.

5. Deshalb/also oder weil?

Rewrite the sentences, joining them together with *deshalb* or *weil*. Remember the word order.

Example: Frau Becker hatte Geburtstag. Wir sind alle essen gegangen.

Frau Becker hatte Geburtstag, deshalb sind wir alle essen gegangen.

1. Wir zelten. Wir mögen Hotels nicht so gern.

   ----

2. Heute habe ich Geburtstag. Ich gebe eine Party.

   ----

3. Ich bleibe heute zu Hause. Es regnet.

   ----

4. Ich konnte letztes Jahr nicht in Urlaub fahren. Ich hatte kein Geld.

   ----

5. Die Kinder schlafen schon. Es ist sehr ruhig.

Reading Corner

6. Lisas Postkarte

This is the postcard Lisa wrote to her parents from Hamburg. Find the questions to the answers given below.

> Liebe Mutti, lieber Vati,
> mir geht es ganz prima hier. Heute war ich in der Stadt und bin an der Alster spazierengegangen. Morgen fängt mein Praktikum an. Dann habe ich keine Zeit mehr zum Bummelngehen und Faulenzen. Gestern habe ich meine Freunde Dagmar und Jürgen angerufen – sie haben mich gleich zum Essen eingeladen. Und ich kann sogar bei ihnen wohnen. Ist das nicht fantastisch? Dagmar arbeitet jetzt bei einer Computerfirma, und Jürgen ist zur Zeit zu Hause – er ist Vater und Hausmann! Sie haben drei Kinder.
> Bis bald eure Lisa.

Example: Q. *Wie geht es ihr?* A. Prima.

1. **Q.** _____ A. Sie war in der Stadt.

2. **Q.** _____ A. Morgen.

3. **Q.** _____ A. Gestern.

4. **Q.** _____ A. Bei Dagmar und Jürgen.

5. **Q.** _____ A. Er ist Hausmann.

Write Here

7. Liebe Grüße

Inge wants to write a postcard from Australia. Can you write it for her? Use the words below.

Liebe Regina,

seit gestern bin ich _____

_____

_____

_____

_____

seit gestern / Wetter sehr schön, / sonnig, warm / heute frei / morgen arbeiten / eine Gruppe mit 35 deutschen Touristen / hart arbeiten: weit fahren, viel zeigen, Fragen beantworten / denke nicht oft an Peter / kein Problem / ist mir egal / Liebe Grüße ...

UNIT 15: Are you doing anything on Sunday?

In this unit you will talk about invitations and the responses to them, and also about wishes and plans for the future.

Match Game

1. Einladungen

Match the invitations or statements on the left with a suitable response from the right.

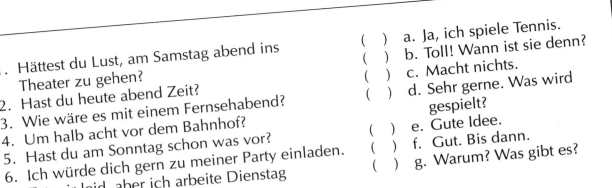

1. Hättest du Lust, am Samstag abend ins Theater zu gehen?
2. Hast du heute abend Zeit?
3. Wie wäre es mit einem Fernsehabend?
4. Um halb acht vor dem Bahnhof?
5. Hast du am Sonntag schon was vor?
6. Ich würde dich gern zu meiner Party einladen.
7. Tut mir leid, aber ich arbeite Dienstag den ganzen Tag.

( ) a. Ja, ich spiele Tennis.
( ) b. Toll! Wann ist sie denn?
( ) c. Macht nichts.
( ) d. Sehr gerne. Was wird gespielt?
( ) e. Gute Idee.
( ) f. Gut. Bis dann.
( ) g. Warum? Was gibt es?

Talking Point

2. Einladung zur Geburtstagsparty

Fill in the blanks with an appropriate phrase.

Sybille: Oh hallo, Walter. Hier spricht Sybille. Kann ich bitte mit Maria sprechen? Ist sie da?

Walter: Tag, Sybille. Ja, sie ist zu Hause. (1) _____ Sie ist im Garten (shouting) Maria! Telefon! Es ist Sybille. Sie kommt sofort, Sybille.

Sybille: Danke... Tag, Maria. (2) _____ Hast du viel zu tun?

> Das wäre sehr schön.
> Ist dir das recht?
> Ich weiß noch nicht genau.
> Moment mal.
> Aber macht nichts.
> Vielleicht.
> Übrigens,
> Entschuldige die Störung.

Maria:	Nein, kein Problem. Ich arbeite nur eben ein bißchen im Garten. Was gibt's?
Sybille:	Ja, hast du nächsten Dienstag Zeit?
Maria:	(3) _____ Welches Datum ist das?
Sybille:	Der zweite – der 2. Juni. Frank hat Geburtstag, und wir gehen mit ein paar Freunden essen in dem neuen italienischen Restaurant. Würdet ihr beide gern mitkommen?
Maria:	(4) _____ Einen Moment – ich sehe gerade in meinem Kalender nach. Ja, ich habe Zeit. Ah, Walter muß an dem Tag zu einer Tagung nach Basel. (5) _____ Ich kann kommen!
Sybille:	Prima.
Maria:	Wo und wann treffen wir uns?
Sybille:	Bei uns, etwa um halb sieben. (6) _____
Maria:	Ja, gut. Ich freue mich darauf. (7) _____ Was schenkst du ihm?
Sybille:	(8) _____ Ich habe an eine kleine Kamera gedacht, oder vielleicht eine Uhr.

Word Power

3. Die Monate

Write out the names of the months in full, and add the four missing ones.

1. Nov. _____   7. Okt. _____

2. Apr. _____   8. Sept. _____

3. Jan. _____   9. _____

4. Dez. _____   10. _____

5. Aug. _____   11. _____

6. Febr. _____   12. _____

4. Gehen wir ...?

Below are some places or events you might get invited to. Rearrange the letters to find out what they are.

1. noik _____   5. tryap _____

2. heatter _____   6. lbseißalupl _____

3. nsaruratet _____   7. mbshwcimda _____

4. esummu _____   8. zrokent _____

Language Focus

5. Wie wäre es ...?

Change these invitations to suggestions, as in the example.

Example: Würdest du am Dienstag gern mit mir Tennis spielen?

Wie wäre es mit Tennis am Dienstag?

1. Würdest du am Mittwoch gerne einen Film sehen?

   ----

2. Würden Sie gerne am Sonntag Golf spielen?

   ----

3. Hättest du Lust, im August zelten zu fahren?

   ----

4. Würdest du heute abend gerne zu Hause bleiben?

   ----

5. Hättest du Lust, heute nachmittag spazierenzugehen?

   ----

6. Hättest du gerne eine Geburtstagsparty?

   ----

6. Würde, hätte, wäre?

Complete the sentences with the appropriate verbs.

1. _____ Thomas gerne Fußball spielen?

2. _____ du gerne ein Eis?

3. Ich _____ lieber ins Kino gehen.

4. Wir _____ auch mit weniger Geld zufrieden.

5. Kinder, was _____ ihr lieber machen, fernsehen oder spazierengehen?

6. Was _____ dir lieber, ein Urlaub am Meer oder in den Bergen?

7. Ich _____ gerne ein neues Auto.

8. Petra _____ so gern älter.

Reading Corner

7. Die Segelparty

Lisa's friends in Hamburg are giving a party for her, and below is an invitation to some of their friends. Put the lines into the correct order.

> 1. kommen auch, mit Kindern und Hund. Aber wir
> 2. unser Boot kommen? Eine alte Freundin ist gerade zu Besuch aus
> 3. sie. Wir segeln auf der Alster, also
> 4. freuen uns darauf. Kommt bitte um 2.00.
> 5. bring einfach deine Familie und Badeanzüge mit.
> Die Beyers
> 6. Hallo, wie geht's? Wir möchten dich einladen – würdest du
> 7. Köln, und wir geben eine Segelparty für
> 8. gerne am Sonntag nachmittag auf
> 9. haben genug Platz. Wir

Write Here

8. Das Tennisspiel

Two friends are trying to arrange a game of tennis. Look at the calendar, and respond to the suggested dates, as in the example.

MAI						
Mo	Di	Mi	Do	Fr	Sa	So
3 18.30 ins Kino mit Familie	4 10.00 Arzt 18.00 Mutti besuchen	5 14.00 Golf mit Tom Party bei Maria	6 auf Kinder aufpassen	7 Bad streichen	8 9.30 Kinder ins Kindertheater bringen	9 Kirche Kaffee + Kuchen bei Mutti

Example: Geht es Montag abend? _Nein, leider nicht, da sehe ich einen Film mit meiner Familie im Kino._

1. Geht es am Dienstag abend? _____

2. Geht es Donnerstag morgen oder nachmittag? _____

3. Geht es am 7. Mai? _____

4. Geht es am 5. nachmittags? _____

5. Oder Samstag morgen? _____

6. Oder vielleicht Sonntag morgen? _____

64

UNIT 16: Do you come here often?

In this unit you will describe people's habits, and ask if you may or may not do something.

Match Game

1. Hier darf man nicht ...

Match the statements on the left with the correct picture on the right.

1. Hier darf man nicht rauchen.
2. Hier darf man nicht fahren.
3. Hier muß man leise sein.
4. Hier soll man langsam fahren.
5. Hier dürfen keine Hunde sein.
6. Hier müssen Hunde an der Leine sein.
7. Hier darf man nicht radfahren.
8. Hier darf man parken.

Talking Point

2. Unterhaltungen

Read the conversation and answer the questions at the end.

Margot: Die Kneipe gefällt mir. Kommen Sie oft hierher?

Peter: Ja, zwei- oder dreimal die Woche. Und Sie? Was machen Sie in Ihrer Freizeit?

Margot:	Also, ich singe gern, und ich lerne Gitarre spielen. Ich habe jeden Dienstag und Samstag Unterricht. Und ich male. Ich gehe auch oft ins Kino.
Peter:	Donnerwetter! Sie sind aber aktiv! Gehen Sie manchmal ins Theater?
Margot:	Ja, ich liebe das Theater.
Peter:	Ich auch. Ich habe hier Karten für das Staatstheater, für Freitag abend – hätten Sie Lust mitzukommen?
Margot:	Ja, danke, sehr gern.
Peter:	Gut. Trinken wir noch etwas? Oh, einen Moment. Ähm – macht es Ihnen etwas aus, wenn wir woanders hingehen?
Margot:	Nein, gar nicht. Aber warum? Und wer ist die Frau da drüben? Warum schaut sie hierher?
Peter:	Das bedeutet nichts. Ich kenne sie nicht. Kommen Sie. Gehen wir.

1. Wie oft kommt Peter in die Kneipe? _____

2. Wann spielt Margot Gitarre? _____

3. Sieht sie gern Filme? _____

4. Wann möchte Peter ins Theater gehen? _____

5. Möchte Peter noch etwas trinken? _____

6. Kennt er die fremde Frau? _____

Word Power

3. Wortgruppen

Put these words into appropriate categories.

ein Telefon   ein Fußballspiel   Französisch   eine Kamera   Fernsehen   Filme   Kochen   ein Computer   Malen   Theaterstücke   ein Video   eine Uhr   Geld   Fotografieren   Schreibmaschine schreiben

1. **Was man lernt** _____

2. **Was man sieht** _____

3. **Was man benutzt** _____

4. Was ist das?

Choose one of the items in the categories above to match the clues below.

1. Man braucht ihn im Büro. _____   4. Man hat nie genug. _____

2. Man sieht es oft sonntags. _____   5. Man sieht sie im Kino. _____

3. Sie macht Bilder. _____   6. Sie zeigt uns, wie spät es ist. _____

Language focus

5. Wo? Wohin?

Complete the questions below
with the words in the box.

> wo (2x)
> zum
> hierher
> woandershin
> woher
> wohin, ins

1. _____ ist die Frau?

2. Gehen wir _____ ?

3. _____ läuft der Film?

4. Gehst du oft _____ Fußballspiel?

5. Kommst du oft _____ ? – Ja, es gefällt mir hier.

6. Hast du Lust, _____ Museum zu gehen?

7. _____ gehen wir? – In die Eisdiele.

8. _____ kommt Frau Becker? – Aus München.

6. Darf ich ...?

Ask somebody's permission using *kann, darf, dürfte,* depending on the situation, and expressing varying
degrees of politeness. (! informal, !! more formal, !!! very formal)

Example: Sie möchten das Telefon benutzen. (!)

Kann ich mal dein Telefon benutzen? _____

1. 1. Sie möchten Radio hören. (!!)

   ----

2. Sie möchten im Cafe eine Zeitung von einem Nachbarn leihen. (!!!)

   ----

3. Sie möchten die Kamera eines Freundes leihen. (!)

   ----

4. Sie möchten sich neben eine Person setzen. (!!)

   ----

5. Es ist kalt. Das Fenster ist offen. (!)

Reading Corner

7. Wie oft ...?

After reading this description, write questions
to go with the answers, beginning with *Wie oft...*

Example: *Wie oft unterrichten Sie Deutsch?*

Dreimal pro Woche.

1. _____

   Zwei Abende in der Woche.

2. _____

   Einmal im Jahr.

3. _____

   Zweimal im Jahr.

4. _____

   Einen Abend pro Woche.

5. _____

   Einmal im Monat.

Ich bin eigentlich immer beschäftigt. Ich habe eine Teilzeitstelle als Deutschlehrerin, und ich unterrichte Montag, Donnerstag und Freitag morgen. Ich gehe immer Dienstag und Freitag abend schwimmen, aber ich gehe jeden ersten Freitag im Monat zum Tanzunterricht, also kann ich da nicht schwimmen gehen. Jedes Jahr fahre ich mit ein paar Freunden zelten, und dieses Jahr fahren wir nach Frankreich. Deshalb lernen wir zur Zeit Französisch. Wir haben nur einmal pro Woche Unterricht, deshalb lernen wir nicht viel. Und nächste Woche kann ich gar nicht hingehen, weil ich zum Zahnarzt muß (das mache ich alle sechs Monate). Meine Mutter kommt einmal im Monat zu mir zu Besuch, normalerweise das erste Wochenende im Monat, aber diesen Monat habe ich ihren Besuch auf das zweite Wochenende verschoben, weil ich am Samstag abend auf eine Party gehe.

Write Here

8. Gewohnheiten

A reporter is doing a survey. He asks you several questions.

Example: Gehen Sie manchmal zelten? *Ja, ich gehe zweimal pro Jahr zelten.*
Oder: *Nein, ich gehe nie zelten.*

1. Gehen Sie skilaufen?

   _____

2. Hören Sie Oper?

   _____

3. Trinken Sie oft Whisky?

   _____

4. Wie oft fahren Sie mit dem Fahrrad?

   _____

5. Reisen Sie manchmal ins Ausland?

   _____

6. Übernachten Sie gern im Hotel?

   _____

UNIT 17: It's going to be a busy month.

In this unit you will talk about plans and intentions, but also about the uncertainty of the future.

Match Game

1. Making sentences

1. Match the statements and responses.

1. Was willst du denn werden? ( )
2. Wird er die Prüfung bestehen? ( )
3. Was wird nächstes Jahr passieren? ( )
4. Willst du studieren oder arbeiten? ( )
5. Wann wirst du auf die Uni gehen? ( )
6. Du mußt einen Beruf lernen. ( )

a. Nächstes Jahr.
b. Keins von beiden. Am liebsten möchte ich reisen.
c. Ich will aber nicht arbeiten.
d. Am liebsten Journalist.
e. Nein, ich glaube, er wird durchfallen.
f. Du wirst eine schöne Frau treffen und heiraten!

Talking Point

2. Streitpunkt

Frau Graf has an argument with her son Manfred. Rearrange the lines to find out what they are arguing about.

1. Manfred:	Nein, ich werde nicht bestehen, aber das macht nichts.
2. Manfred:	Ich werde keinen Beruf lernen.
3. Manfred:	Nein, noch nicht.
4. Manfred:	Ich gehe nicht auf die Uni. Ich will nach Indien und dann nach Australien.
5. Manfred:	Ich mache nichts. Warum?
6. Fr. Graf:	Nicht arbeiten? Was wirst du dann an der Uni studieren?
7. Fr. Graf:	Warum lernst du nicht? Deine Abi-Prüfungen sind nächsten Monat! Denkst du nicht an deine Zukunft? Wirst du deine Prüfungen bestehen?
8. Fr. Graf:	Manfred, was machst du gerade in deinem Zimmer?
9. Fr. Graf:	Warum macht das nichts? Was wird denn nach deinen Prüfungen passieren? Was für einen Beruf willst du lernen?
10. Fr. Graf:	Was? Und woher wird das Geld kommen? Was willst du dort machen? Warum hast du das nicht gesagt? Hast du das deinem Vater schon gesagt?

Word Power

3. Was wird gleich passieren?

Use one of the words or phrases in the box to say what's going to happen in each picture.

Example: *Er wird das Fenster zumachen.*

1. _____

2. _____

3. _____

4. _____

5. _____

6. _____

> **zu spät kommen**
> **zerbrechen**
> **zusammenstoßen**
> **regnen**
> **fallen**
> **aufmachen**

1.

2.

3.

4.

5.

6.

4. Das richtige Verb

Choose the appropriate verb for each sentence.

1. Woher kommen/gehen Sie?

2. Wann werden Sie mit Ihrem Mann sprechen/sagen?

3. Kann ich einen Freund zum Konzert holen/mitbringen?

4. Tut mir leid, ich verstehe/weiß die Frage nicht.

5. Kannst du bitte den Brief für mich in den Briefkasten stellen/stecken?

6. Bringst/nimmst du mich zum Bahnhof?

7. Ich finde mein Geld nicht. Hast du es in deine Hosentasche gelegt/gesteckt?

Language Focus

5. Vergangenheit, Gegenwart oder Zukunft?

Choose the correct tense of the verbs *werden* or *wollen*, whichever is the more appropriate.

1. Als Kind _____ ich Pilot werden, aber meine Eltern _____ es nicht.

2. Meine Chefin _____ immer, daß ich Überstunden mache.

3. Ich _____ wieder arbeiten gehen, aber mein Mann _____ , daß ich zu Hause bleibe.

4. Die Beckers ziehen aufs Land. Glaubst du, sie _____ dort glücklich sein?

5. Was _____ Thomas tun, wenn er die Prüfung nicht besteht?

6. _____ du nicht gestern ins Sportzentrum gehen? Ich habe dich gar nicht gesehen.

7. _____ du mir aus Amerika schreiben?

8. Maria _____ unbedingt die Schuhe haben, aber sie sind so teuer. Glaubst du, sie _____ sie trotzdem kaufen?

6. Jemand/niemand, etwas/nichts ...

Complete the sentences with the correct word.

1. Ich gehe nicht zu der Party – es wird _____ da sein, den ich kenne.

2. Pssst, ich sehe gerade _____ im Fernsehen.

3. Wir haben nicht viel Geld, also werden wir dieses Jahr im Urlaub _____ machen.

4. Hat _____ von euch Lust auf ein Bier?

5. Möchtest du noch _____ Kaffee?

6. Ich habe Hunger. Ist noch _____ in Kühlschrank?

7. Hat es geklingelt? Ja, aber es war _____ an der Tür.

8. Kann man das Radio reparieren? Nein, da ist _____ zu machen.

Reading Corner

7. Ihr Horoskop

Read the horoscope, and then correct the statements below.

Example: Sie werden einen guten Monat bei der Arbeit haben.

Nein, ich werde einen schlechten Monat bei der Arbeit haben.

1. Am Anfang des Monats wird es Geldprobleme für Sie geben. _____

2. Sie werden nach langer Zeit etwas von Ihrer Familie hören. _____

3. Es wird Streit mit Ihrer Chefin geben.
_____

4. Ihr Partner wird zufrieden sein.
_____

5. Es wird in privater Hinsicht ein ruhiger Monat werden.
_____

6. Sport wird nicht notwendig sein.
_____

> ## Ihr Horoskop für diesen Monat
>
> **Beruf:** Das wird kein guter Monat für Sie, also passen Sie auf! Sie werden am Anfang des Monats einige Probleme mit Kollegen haben und am Ende des Monats Geldprobleme.
>
> **Liebe:** Sie werden von einem alten Freund hören – vielleicht ein Brief, vielleicht ein Anruf, und das wird Probleme mit Ihrem Partner bringen – er wird eifersüchtig sein. Es wird Streit geben.
>
> **Gesundheit:** Der Monat wird privat sehr anstrengend werden – viele Partys und Einladungen, also passen Sie auf Ihre Gesundheit auf! Sie werden viel Sport, Schlaf und gesunde Ernährung brauchen.

Write Here

8. Silkes Neujahrsvorsätze

On New Year's Day, Silke wrote a list of resolutions in her private diary, but now she's changed her mind about most of them. Using the notes below, write out her new list of resolutions.

Example: heiraten – Markus (Dieter)

Ich werde nicht Markus heiraten, sondern Dieter. _____

1. lernen – Klavier spielen (Gitarre) _____

2. werden – Lehrerin (Ingenieurin) _____

3. leben – Kanada (Brasilien) _____

4. sein – schön (reich) _____

5. fahren – Mercedes (Porsche) _____

6. haben – viele Hunde (Pferde) _____

UNIT 18: Two returns to Duisburg, please.

In this unit you will talk about public transportation, ask for information and state reasons and aims.

Match Game

1. Warum?

Match each question with a suitable response.

1. Warum fährst du nach Duisburg? ( )
2. Warum gehst du ins Sportzentrum? ( )
3. Warum fährt H. Becker zum Bahnhof? ( )
4. Warum rufst du das Bahnhofshotel an? ( )
5. Warum kaufst du heute für deine Mutter ein? ( )
6. Warum holst du deine Mutter um 6.00 morgens vom Flughafen ab? ( )

a. Damit mein Vater nicht so früh aufstehen muß.
b. Um einen Freund abzuholen.
c. Weil ich für meinen Chef ein Zimmer reservieren muß.
d. Damit sie ein bißchen ausruhen kann.
e. Um meine Eltern zu besuchen.
f. Weil ich Badminton spielen will.

Talking Point

2. Eine Fahrkarte kaufen

Margot is taking a reluctant Peter to Duisburg to meet her parents. They're at the station now, buying tickets. Complete their conversation by filling in the blanks with words or phrases from the box.

Gleis	zurückkommen	Rückfahrkarten	reisen	Tageskarten	sagen
benutzen	bleiben	Wie bitte?	besuchen		

Beamter: Bitte schön?

Margot: Könnte ich bitte zwei _____ nach Duisburg haben?

Beamter: Möchten Sie heute _____ ? Und kommen Sie heute abend zurück?

Margot: Warum wollen Sie das wissen?

Beamter: Wenn Sie nach 9.00 Uhr morgens fahren und nach 18.00 _____ , ist es billiger.

Margot:	Ach so. Ja, zwei _____ bitte.
Beamter:	Hier bitte. Das macht 86,– DM.
Margot:	_____ ? Wieviel?
Beamter:	86,– DM. Damit können Sie in Duisburg auch die Straßenbahn _____.
Margot:	Oh danke. Können Sie mir _____ , wann der nächste Zug nach Duisburg fährt?
Beamter:	Moment. Der nächste Zug fährt um 9.50 Uhr, von _____ 5.
Margot:	Danke. Komm schnell, Peter. Wir müssen uns beeilen.
Peter:	Aber ich möchte eigentlich heute in Köln _____ , mein Auto waschen, meine Freunde treffen und einen trinken gehen. Warum fahren wir nach Duisburg?
Margot:	Du weißt doch – um meine Eltern zu _____. Und übrigens, du schuldest mir 43,– DM.

Word Power

3. Zu oder kein zu, das ist hier die Frage.

Add *zu* where it is necessary.

1. Ich möchte heute in Köln _____ bleiben.

2. Es ist _____ kalt zum Schwimmen.

3. Ich treibe Sport, um fit _____ werden.

4. Ich glaube, Stefan möchte lieber _____ Hause bleiben.

5. Ich habe keine Lust, früh auf _____ stehen.

6. Möchtest du gern eine Tasse Kaffee _____ trinken?

7. Frau Becker geht in die Apotheke, um ein Medikament _____ kaufen.

8. Du vergißt immer, Milch ein _____ kaufen.

4. Worträtsel

All the clues in the puzzle are about travel and hotels. Fill in the blanks to find one more means of transportation.

1. Ich hätte gern ein Einzelzimmer für zwei _____ , bitte.

2. _____ Sie Reiseschecks?

3. Ich gehe zum Bahnhof, um einen _____ zu reservieren.

4. Kann ich mit _____ karte bezahlen?

5. Das Zimmer kostet 105,– DM, _____ Frühstück.

6. Ich hätte gern ein _____ zimmer für meine Frau und mich.

7. Eine Tages _____ nach Düsseldorf, bitte.

8. Möchten Sie eine Rückfahrkarte? Nein, _____ bitte.

9. Der ICE fährt von _____ 2.

10. Wann fährt die nächste S-Bahn _____ Flughafen?

11. Im _____ kann man essen und trinken.

Language Focus

5. Informationen bekommen

Imagine you can't understand or can't hear what someone says to you – ask for repetition of the relevant information.

Example: Die nächste Maschine nach New York fliegt am Mittwoch.

Wie bitte? Wann? _____

1. Die nächste Straßenbahn nach Deutz ist die blaue da drüben. _____

2. Kann ich bitte zwei Fahrkarten nach Koblenz haben? _____

3. Herr Wille? Sie hatten einen Anruf von Herrn Lotz. _____

4. Ein Einzelzimmer kostet 95,– DM pro Nacht. _____

5. Der nächste Zug nach Mainz fährt von Gleis 2. _____

Reading Corner

6. Inges Tagebuch

Inge keeps a diary about her work in Australia. Look at the notes below, and then rewrite them as full sentences.

Wir hatten letzte Nacht ein schreckliches Hotel.

Schreckliches Hotel letzte Nacht.
1) Alle Teilnehmer sehr verärgert.
2) Keine Doppelzimmer, keine Duschen!
3) Alle Zimmer schmutzig, und Essen im Restaurant nicht gut.
4) Wollte anderes Hotel finden, aber zu spät.
5) Beschwerde beim Hotelmanager – furchtbarer Mensch.
6) Aber morgen Rückflug nach Deutschland!
7) Flug kommt übermorgen in Frankfurt um 14.30 Uhr an.

Write Here

	Düsseldorf	Köln	Bonn	Koblenz
	08.20	08.52	09.43	10.25
1.	11.50	12.22	-	13.26
2.	13.40	14.12	15.01	16.30

7. Ein Zugfahrplan

Write out conversations about the following timetable, like the one in the example.

Example: Kunde: Können Sie mir bitte sagen, wann der nächste Zug von Düsseldorf nach Koblenz fährt?

Beamter: Ja, er fährt um acht Uhr zwanzig.

Kunde: Und wann kommt er in Koblenz an?

Beamter: Um zehn Uhr fünfundzwanzig.

1. ---

----

2. ---

UNIT 19: I feel terrible.

In this unit you will talk about health, exercise and the parts of the body. You will also give advice and talk about times in the past.

Match Game

1. Was machen Sie, wenn ...?

Match the two halves of the sentences below.

1. Wenn ich mich allein fühle, ( )
2. Wenn mir kalt ist, ( )
3. Wenn ich müde bin, ( )
4. Wenn ich Hunger habe, ( )
5. Wenn ich mich zu dick fühle, ( )
6. Wenn ich Durst habe, ( )

a. gehe ich früh ins Bett.
b. gehe ich ins Sportzentrum.
c. trinke ich immer Wasser oder Saft.
d. ziehe ich noch einen Pullover an.
e. mache ich mir ein Käsebrot.
f. rufe ich meinen besten Freund an.

Talking Point

2. Du siehst müde aus!

Inge returned from her trip to Australia yesterday and today, while out shopping, she bumps into Peter. Complete their conversation by choosing the correct form of the verb in parentheses to fill the blanks.

Peter: Inge! Willkommen zu Hause! Wie (sein) _____ die Reise? Du (aussehen) _____ ziemlich müde _____.

Inge: Bin ich auch. Es (sein) _____ fantastisch, aber auch sehr anstrengend. Ich brauche jetzt erst mal eine Pause. Aber sag mal, du siehst ja furchtbar aus! Was (passieren) _____ ?

Peter: Ich fühle mich auch furchtbar. Ich habe Kopfschmerzen, mein Magen (weh tun) _____ , und ich (können) _____ letzte Nacht nicht schlafen.

Inge: Ein Kater? Oder hast du Grippe? Warum (gehen) _____ du nicht nach Hause und ins Bett?

Peter: Ich kann nicht – ich (treffen) _____ jemanden um halb acht in der Kneipe.

Inge: Eine Frau?

Peter: Ja. Und ich glaube eigentlich, daß sie mich krank macht. Gestern (nehmen) _____ sie mich nach Duisburg _____ , und ich habe ihre Eltern (kennenlernen) _____. Wir haben dort (Mittag essen) _____ , aber ihre Mutter ist eine furchtbare Köchin. Das Essen war schrecklich, und mir war danach furchtbar schlecht im Zug. Es war ein ganz schlimmer Tag. Ich (mögen) _____ sie nicht mehr wiedersehen.

Word Power

3. Körperteile

Rearrange the letters to find names for parts of the body, and then mark them in the picture.

1. cbuha   _____
2. fokp   _____
3. ienb   _____
4. lsuhrect _____
5. trusb   _____
6. sahl   _____
7. nezeh   _____
8. blelngeo _____

4. ansehen, aussehen, sehen?

Choose the correct verb for each sentence.

1. Wollen wir uns das Theaterstück _____ ?

2. Margot hat gestern sehr krank _____.

3. Möchtest du mein neues Haus _____ ?

4. Peter _____ genauso _____ wie sein Vater!

5. _____ du dir einen Film _____ ?

6. Hast du den neuen Scorsese-Film schon _____ ?

Language Focus

5. Einen Rat geben

Give suitable advice in response to the following statements, beginning with *Du solltest …*

Example: Meine Augen tun weh. (Brille tragen) *Du solltest eine Brille tragen.*

1. Ich habe Kopfschmerzen. (Aspirin nehmen)
2. Mir ist so kalt. (Pullover)
3. Mir geht's so schlecht. (Arzt)
4. Ich bin heute so müde. (früh ins Bett)
5. Ich habe furchtbare Zahnschmerzen. (Zahnarzt)

Reading Corner

6. Ich habe ein Problem

Read this letter to an agony aunt and her reply to it, then correct the statements that follow.

Liebe Frau Irene,

Können Sie mir helfen? Mein Problem ist, daß ich übergewichtig bin. Als ich klein war, hat meine Mutter immer so tolle Kuchen und Nachspeisen gemacht, und ich habe immer zu viel gegessen. Ich war mit 12 Jahren schon zu schwer. Letztes Jahr habe ich eine Diät gemacht, aber ich habe nicht abgenommen. Ich mache gerade wieder eine Diät, aber es ist wieder dasselbe. Und ich kann nicht mehr schlafen, weil ich immer Hunger habe. Also sehe ich furchtbar schlecht aus. Und ich fühle mich so einsam. Was soll ich tun?

Eike.

Liebe Eike,

wenn Sie zu schwer sind, ist Ihre Ernährung natürlich sehr wichtig, aber Bewegung ist genauso wichtig. Bewegen Sie sich genug? Sie sollten in einen Sportklub gehen oder zum Aerobic. Sie können auch beim Sport viele interessante Leute treffen. Wenn Sie Sport machen, fühlen Sie sich besser, und Sie sehen besser aus. Viel Glück.

Ihre Irene.

Example: Eikes Mutter war eine schlechte Köchin. *Nein, sie war eine gute Köchin.*

1. Eike hat als Kind nicht viel gegessen. Doch,
2. Sie hat viel abgenommen, als sie eine Diät machte.
3. Sie sieht schrecklich aus, weil sie immer Hunger hat.
4. Man trifft viele langweilige Leute beim Sport.
5. Man sieht schlecht aus, wenn man Sport treibt.

Write Here

7. Als ich zwölf war, ...

Make sentences about the various events in this person's life, beginning each one with *Als ich ...*

Example: _Als ich zwölf war, habe ich ein Bein gebrochen._

1. 15 – zum ersten Mal zelten im Schwarzwald, jeden Tag Regen.

   ---

2. 20 – Universität, Brille getragen.

   ---

3. 22 – in Berlin gewohnt, jeden Tag schwimmen gegangen.

   ---

4. 25 – als Gärtner gearbeitet, war total fit!

   ---

5. 27 – als Kellner gearbeitet, war viel zu dick.

   ---

6. 31 – Urlaub in Frankreich, Grippe.

UNIT 20: How long have you lived here?

In this unit you will say whether or not you have done something yet, and about duration.

Match Game

1. immer noch nicht ...

Match the statements on the left with the correct answers on the right.

1. Es regnet immer noch.
2. Wir wohnen immer noch in Stuttgart.
3. Ich lese immer noch die Zeitung.
4. Es ist kein Wein mehr da.
5. Thomas schläft noch.
6. Fr. Becker ist noch im Büro.
7. Ich kann mich an seinen Namen nicht erinnern.
8. Der Zug ist vor fünf Minuten abgefahren.

( ) a. Wir haben ihn ausgetrunken.
( ) b. Ich habe ihn vergessen.
( ) c. Er ist weg.
( ) d. Es hat noch nicht aufgehört.
( ) e. Wir sind noch nicht umgezogen.
( ) f. Ich bin noch nicht fertig damit.
( ) g. Er ist noch nicht aufgestanden.
( ) h. Sie arbeitet noch.

Talking Point

2. Er ist noch nicht aufgestanden

It's Saturday morning, and Frau Becker has been out shopping. When she gets back, her daughter Silke is in the kitchen drinking coffee. Read their conversation, and then say whether the statements that follow are true or false.

Fr. Becker: Wo ist Thomas?

Silke: Weiß nicht. Ich habe ihn heute morgen noch nicht gesehen.

Fr. Becker: Was? Ist er noch nicht aufgestanden? Es ist fast Mittag.

Silke: Er war doch gestern in der Disco. Er ist wahrscheinlich müde.

Fr. Becker: Das ist mir egal. Thomas? Thomas! Aufstehen! Es ist Mittag! Silke, hast du dein Zimmer aufgeräumt?

Silke:	Noch nicht. Ich mache es heute nachmittag.
Fr. Becker:	Aber du gehst doch heute nachmittag zum Jazzfest.
Silke:	Ja, ja.
Fr. Becker:	Warst du mit dem Hund draußen? Bestimmt nicht.
Silke:	Nein, ich war noch nicht draußen. Tut mir leid. Das habe ich vergessen.
Fr. Becker:	Vergessen? Silke, was ist mit dir los? Du vergißt zur Zeit so viel. Hat jemand angerufen?
Silke:	Ja, drei Anrufe, aber die waren alle für mich.

1. Thomas ist immer noch im Bett.   *richtig/falsch*

2. Silke hat Thomas in der Disco gesehen.   *richtig/falsch*

3. Silke hat ihr Zimmer noch nicht aufgeräumt.   *richtig/falsch*

4. Silke hat den Hund noch nicht ausgeführt.   *richtig/falsch*

5. Sie haben schon Mittag gegessen.   *richtig/falsch*

6. Für Silke hat niemand angerufen.   *richtig/falsch*

 # Word Power

3. schon/erst/noch

Fill in the blanks with *schon, erst, noch*.

1. Wir wohnen _____ 20 Jahre in Essen.

2. Ich habe _____ nicht abgenommen. Ich mache _____ seit gestern Diät.

3. Dauert es _____ lange bei dir? Nein, ich bin _____ fertig.

4. Frau Meier sieht sehr schlecht aus. Sie ist _____ lange krank.

5. Hast du deine Prüfung bestanden? Ich weiß _____ nicht.

6. Ist dein Bruder _____ im Bett? Nein er ist _____ aufgestanden.

Language Focus

4. Wortkasten

Can you find the past participles of the following verbs in the square? The first one has been done for you.

S	P	U	T	O	T	V	E	R	G	E	S	S	E	N
B	E	S	C	H	W	E	R	T	I	G	E	E	T	F
E	G	E	S	T	E	C	K	T	F	E	R	Q	I	R
K	E	A	C	F	G	E	H	Ö	R	T	D	A	I	Z
O	S	Z	A	N	G	R	D	C	E	R	I	U	K	M
M	C	G	E	L	E	S	E	N	I	U	Y	S	V	T
M	H	U	T	S	G	W	H	R	N	N	G	G	E	A
E	R	G	E	S	A	G	T	X	G	K	E	E	R	S
N	I	H	J	U	N	E	Q	J	E	E	T	L	L	R
C	E	F	R	G	G	U	A	W	W	N	R	I	O	Q
F	B	P	I	T	E	L	E	F	O	N	I	E	R	T
H	E	O	N	Q	N	N	D	E	R	L	E	H	E	K
J	N	M	D	S	S	V	I	L	F	U	B	E	N	L
U	M	G	E	Z	O	G	E	N	E	R	E	N	O	V
V	E	R	S	T	A	N	D	E	N	L	N	W	P	A

beschweren
trinken verstehen
sagen treiben
vergessen
telefonieren verlieren
einwerfen umziehen
hören schreiben
bekommen lesen
ausleihen weggehen

5. Imperativ

Write the commands out in full, addressing each person as appropriate.

Example: Manfred/Zimmer aufräumen. *Manfred, räum dein Zimmer auf, bitte!*

1. Du/mit dem Hund spazierengehen. _____

2. Kinder/Fußball spielen. _____

3. Fr. Mast/Tasse Kaffee bringen. _____

4. H. Graf/Auto abholen. _____

5. Thomas und Silke/nicht so viel fernsehen. _____

6. Du/aufstehen. _____

Reading Corner

6. Das Jazzfestival

Complete the newspaper article by writing the appropriate verb form in the blanks.

gehört
bekommen
gedauert
hören
schlafen
geschrieben
beschwert

Beschwerden wegen Festival

Die Polizei hat mehr als einhundert Beschwerden wegen des Lärms von dem Jazzfestival in Neuß letztes Wochenende _____ »Ich wohne schon seit achtzehn Jahren hier in dieser Straße in der Nähe des Parks, aber ich habe noch nie solch einen furchtbaren Lärm _____ «, sagte Frau Elsa Schmidt, die in der Parkstraße wohnt. »Das Festival hat bis 22.00 _____ , und unsere Kinder konnten nicht _____ «, sagte Herr Fritz Kaufmann aus der Talstraße. Seine Frau, Elisabeth K., sagte: »Wir haben uns bei der Polizei _____ , und wir haben Briefe an die Zeitungen _____ . Wir _____ gern Jazz, aber diese Musik war fürchterlich.«

Write Here

7. Hast du es schon gemacht?

Frau Becker hast been out again this afternoon, but left a list of things for Thomas to do in the house. She's just called home to see whether he's done them or not. Look at the picture, and answer her questions, using the clues provided.

Example: aufräumen/Zimmer

Hast du dein Zimmer schon aufgeräumt?

Ja, das habe ich schon gemacht. or:

Nein, das habe ich noch nicht gemacht.

1. Auto putzen _____

2. einkaufen _____

3. Rasen mähen _____

4. Geschirr spülen _____

5. staubsaugen _____

6. Briefe einwerfen _____

UNIT 21: I haven't seen you for ages!

In this unit you will talk about what has been happening and when something happened. You will also take a closer look at adjectival endings.

Match Game

1. Als und wenn

Match the beginnings and the endings of these sentences.

1. Während ich durch Spanien gereist bin,
2. Als ich klein war,
3. Wenn ich keine Lust habe zu kochen,
4. Wenn es nicht aufhört zu regnen,
5. Während er im Garten gearbeitet hat,
6. Als sie die Straße entlanggegangen ist,

( )   a. gehe ich ins Restaurant.
( )   b. können wir nicht spazierengehen.
( )   c. hat es angefangen zu regnen.
( )   d. hat sie meinen Bruder gesehen.
( )   e. habe ich viele Leute kennengelernt.
( )   f. hat meine Mutter immer mit
      mir gespielt.

Talking Point

2. Ich habe dich schon so lange nicht mehr gesehen!

Put the correct form of the verb in the blanks.

Inge: Anne! Ich (sehen) _____ dich schon so lange nicht mehr _____ !
Wie geht's dir?

Anne: Inge, schön dich zu (sehen) _____. Mir geht's gut. Mensch, ich (hören)
_____ von deinem neuen Job _____.

Inge: Ja, ich (arbeiten) _____ seit zwei Monaten bei einem Reiseunternehmen,
und es (gefallen) _____ mir sehr gut. Ich bin nicht oft in Köln, weil ich viel
(reisen) _____ muß. Und du? Was (machen) _____ du in letzter Zeit?

Anne: Ich (arbeiten) _____ immer noch im Krankenhaus. Du, ich (sehen)
_____ gestern deinen ehemaligen Freund dort _____.

Inge:	Wen? Peter?
Anne:	Ja. Ich (gehen) _____ gerade durch die Eingangshalle _____ , als ich ihn (sehen) _____.
Inge:	Was (machen) _____ er denn dort _____ ?
Anne:	Ich weiß nicht. Ich (sprechen) _____ gerade mit einem anderen Patienten _____ , also konnte ich ihn nicht (fragen) _____. Er (sitzen) _____ in einer Ecke _____ , und er (halten) _____ seinen Kopf _____.
Inge:	O je. Ein Unfall?
Anne:	Vielleicht. Er war mit einer jungen Frau zusammen. Sie (aussehen) _____ sehr böse _____ , und sie (sprechen) _____ nicht miteinander _____.
Inge:	Aha. Ein Streit.

Word Power

3. Gegenteil

What are the opposites of these verbs?

1. verlieren _____
2. antworten _____
3. kaufen _____
4. ankommen _____

5. unterrichten _____
6. bekommen _____
7. vergessen _____
8. aufwachen _____

Language Focus

4. Endungen

Add the missing endings in the following sentences.

1. Meine Familie wohnt seit fünf lang ___ Jahr ___ in Düsseldorf.

2. Ich bin gestern zu ___ erst ___ Mal mit mein ___ neu ___ Auto gefahren.

3. Wohnst du immer noch bei dein ___ Eltern?

4. Können die Kinder nicht in ihr ___ eigen ___ Bett ___ schlafen?

5. Haben Sie bei Ihr ___ letzt ___ Besuch das Rheinmuseum gesehen?

5. Wann ist das passiert?

Answer the following questions with complete sentences.

Example: Wann hast du deine Freundin getroffen? (Hamburg)

Ich habe sie getroffen, während ich in Hamburg gearbeitet habe.

1. Wann hast du das Geld gefunden? (den Schrank aufräumen)

----

2. Wann hast du den Arm gebrochen? (Skifahren in Österreich)

----

3. Wann haben sie geheiratet? (in Frankreich leben)

----

4. Wann hat Silke angerufen? (mit einem Kunden sprechen)

----

5. Wann hat er seinen Geldbeutel verloren? (Eltern besuchen)

Reading Corner

6. Der Brief

Put the pieces together to find out what Inge said in her letter to her mother.

1. mit seiner neuen Freundin gesehen. Sie hatten Streit, und seine

2. unterhalten, deshalb habe ich kein Geschenk für dich gekauft. Sie arbeitet

3. sie gestern getroffen! Ich war sehr überrascht. Ich wollte gerade im

4. immer noch im Krankenhaus, und letzte Woche hat sie dort Peter

5. Freundin hat ihm sogar im Krankenhaus eine Ohrfeige gegeben. Haha.

6. Kaufhaus ein Geburtstagsgeschenk für dich

7. Erinnerst du dich an meine alte Freundin Anne? Ich habe

8. abgenommen, und sie sieht großartig aus. Wir haben uns lange

9. kaufen, als ich sie gesehen habe. Sie hat viel

Write Here

7. Heute morgen um 9.00 Uhr

What were they all doing this morning when Mother came home? Look at the picture for a minute, then cover it up and answer the questions below.

Example: Was hat Vater gemacht? _____

Er hat Zeitung gelesen.

1. Was hat die Katze gemacht?   _____

2. Wo waren die Kinder?   _____

3. Was hat die Mutter gemacht?   _____

4. Wo war der Hamburger?   _____

5. Hat das Mädchen gelacht oder geweint? _____

6. Was hat der Junge gemacht?   _____

UNIT 22: We'll miss the train if we don't hurry.

In this unit you will make plans, talk about probabilities and imagine things.

Match Game

1. Wenn, ach wenn

Finish the sentences correctly. There may be more than one possibility in some cases.

1. Wenn ich genug Geld hätte,
2. Wenn ich genug Geld habe,
3. Wenn du nicht krank wärst,
4. Als ich krank war,
5. Wenn die Kinder nicht richtig essen,
6. Wenn das Wetter besser wäre,
7. Wenn wir mehr Zeit hätten,

( ) a. mußte ich im Bett bleiben.
( ) b. mache ich mir Sorgen.
( ) c. könnten wir mit dem Hund spazierengehen.
( ) d. würden wir öfter wandern gehen.
( ) e. kaufe ich mir ein Haus.
( ) f. würde ich eine Weltreise machen.
( ) g. könntest du mit mir tanzen gehen.

Talking Point

2. Es wird nichts passieren

Herr and Frau Becker are thinking about a country walk on the weekend. Read their conversation, and then make up questions to go with the answers below.

H. Becker:	Ich habe mir überlegt, was wir nächstes Wochenende machen könnten.
Fr. Becker:	Ja? Was denn?
H. B:	Du weißt doch, Freitag und Montag sind Feiertage.
Fr. B:	Ja...
H. B:	Könnten wir nicht für ein langes Wochenende wegfahren? Wir könnten im Harz wandern.
Fr. B:	Aber die Kinder wandern nicht gerne.
H. B:	Wir würden sie nicht mitnehmen. Wir würden sie hier lassen.
Fr. B:	Was? Sie allein lassen?

H. B:	Das ist schon in Ordnung. Die können auf sich selbst aufpassen. Sie sind ja alt genug.
Fr. B:	Aber würden sie nicht Dummheiten machen und nicht richtig essen?
H. B:	Und wenn sie Hamburger und Pizza zum Frühstück essen – das ist doch egal.
Fr. B:	Aber wenn sie Partys feiern und Bier trinken und ...
H. B:	Das würden sie nie tun. Sie sind doch viel zu vernünftig.
Fr. B:	Na ja. Ich würde ja auch gern mal wegfahren. Also gut – fahren wir.

1. _____ Er würde gern in den Harz fahren.

2. _____ Nein, sie würden sie nicht mitnehmen.

3. _____ Nein, sie wandern sehr ungern.

4. _____ Sie sind alt genug (16 und 17).

5. _____ Vielleicht essen sie Hamburger und Pizza.

6. _____ Nein, sie sind viel zu vernünftig.

Word Power

3. Was wäre, wenn ...?

Match nouns and verbs to make up phrases, and then complete the questions below.

nicht in die Schule	gießen
die Kinder allein	abzuholen
vergessen, Blumen zu	gehen
keine Lebensmittel	trinken
zu viel Wein	lassen
vergessen, das Auto	einkaufen

Example: Was würde passieren, wenn ich nicht in die Schule gehen würde?

Der Direktor würde an deine Eltern schreiben.

1. **Q.** _____ ? **A.** Sie würden alle vertrocknen.

2. **Q.** _____ ? **A.** Sie würden sich sehr freuen.

3. **Q.** _____ ? **A.** Wir würden verhungern.

4. **Q.** _____ ? **A.** Wir könnten nicht in Urlaub fahren.

5. **Q.** _____ ? **A.** Du hättest morgen einen Kater.

Language Focus

4. wenn oder wenn nicht?

Complete the sentences in the positive or negative, as appropriate.

Example: Du wirst morgen müde sein,

__wenn du nicht früh ins Bett gehst.__ (früh ins Bett gehen)

1. Ich spreche nicht mehr mit ihm,_____(sich entschuldigen).

2. Du wirst furchtbar dick,_____ (dich mehr bewegen).

3. Du bekommst erst Mittagessen, _____(Zimmer aufräumen).

4. Wir verpassen noch den Zug,_____ (so langsam gehen).

5. Du wirst deine Prüfung nicht bestehen,_____(mehr lernen).

6. Nein danke, ich wäre völlig betrunken, _____ (noch ein Bier trinken).

5. mich, dich, sich ...

Fill in the blanks.

1. Hast du _____ schon mal auf Video gesehen?

2. Wer weint da? Haben die Kinder _____ verletzt?

3. Wir haben _____ sehr gefreut, Sie wiederzusehen.

4. Mach dir keine Sorgen, ich kann auf _____ selbst aufpassen.

5. Mit wem spricht Inge? Sie spricht mit _____ selbst.

Reading Corner

6. Einladungen zur Party

Here are two party invitations that have got mixed up – can you sort them out?

1. Meine Eltern fahren übers Wochenende

2. Inge hat nächstes Wochenende

3. Geburtstag (sie wird 30) also

4. weg, und sie sind bis Montag weg, also

5. wollen wir eine Party für sie geben. Sie wird in

6. wollen wir eine Party geben! Sie wird am

7. Samstag abend stattfinden, ab 20.30. Ich werde wahrscheinlich

8. meiner Wohnung stattfinden, am Freitag abend, ab 20.00. Ich werde wahrscheinlich

9. etwas kochen, aber könntet ihr etwas

10. nicht kochen, weil ich keine Zeit habe, also könntet ihr etwas

11. zu essen mitbringen?

12. zu trinken mitbringen?

13. Danke. Also bis Samstag.

14. Also bis Freitag.

Write Here

7. Wird alles in Ordnung sein?

Frau Becker imagines what Thomas and Silke will do if she and her husband go away for the weekend. Make up sentences like the one in the example.

Example: Sie werden wahrscheinlich eine Party geben.

1. _____
   _____
2. _____
   _____
3. _____
   _____
4. _____
   _____
5. _____
   _____
6. _____
   _____

Party geben? Ja!

1. Bier trinken? Ja!

3. Zimmer aufräumen? Nein!

4. Mit dem Hund spazierengehen? Nein!

5. Bis Mittag schlafen? Ja!

2. Hamburger zum Frühstück? Ja!

6. Den ganzen Tag fernsehen? Ja!

UNIT 23: What did you say?

In this unit you report what people have said, and how they said it.

Match Game

1. Wie hat sie es gesagt?

Combine the sentences on the left with the most appropriate ending.

1. Wir heiraten,
2. Meine Katze ist gestern gestorben,
3. Thomas! Hör auf!
4. Das Steak sieht gut aus,
5. Psst – das Baby schläft,
6. Es ist 2 Uhr morgens!
7. Das ist mein zehntes Glas Wein,
8. Das ist seine neue Freundin,

( ) a. sagte sie mit hungrigem Blick.
( ) b. sagte sie leise.
( ) c. sagte sie betrunken.
( ) d. sagte sie schläfrig.
( ) e. sagte sie ärgerlich.
( ) f. sagte sie eifersüchtig.
( ) g. sagte sie glücklich.
( ) h. sagte sie traurig.

Talking Point

2. Was hat er gesagt?

Inge got this phone call from Peter last night. Today she is telling her friend Anne about it. Rewrite the conversation in her words, using *daß* or question word + *würde*.

Peter: Ich rufe an, um dir auf Wiedersehen zu sagen.

Inge: Wohin gehst du?

Peter: (1) Ich gehe weg, nach Berlin.

Inge: (2) Warum gehst du weg?

Peter: (3) Hier gibt es zu viele Probleme für mich. (4) Ich mag meinen Job nicht, und alle meine Freundinnen hassen mich.

Inge: (5) Was wirst du in Berlin machen?

Peter: (6) Ich weiß noch nicht. Übrigens, (7) was machst du am Freitag abend?

Inge: (8) Nichts. (9) Warum fragst du?

Peter: (10) Ich würde gern mit dir ins Theater gehen.

Er sagte, daß er anrufen würde, um mir auf Wiedersehen zu sagen.
Ich fragte, wohin er gehen würde.

1. _____
2. _____
3. _____
4. _____
5. _____
6. _____
7. _____
8. _____
9. _____
10. _____

Word Power

3. Lachen oder weinen?

Match each sentence with the most appropriate verb.

1. Hilfe! ( )
2. Entschuldigung, wie spät ist es? ( )
3. Es ist halb drei, ( )
4. Psst! Sei ruhig! ( )
5. Oh, ich bin so unglücklich, ( )
6. Das war so ein lustiger Film, ( )
7. Mmm – sie sieht nett aus, ( )

a. lachte er.
b. dachte er.
c. schrie er.
d. rief er.
e. antwortete er.
f. flüsterte er.
g. fragte er.

Language Focus

4. Die Vergangenheit

Complete the following table with the verbs in the infinitive, present perfect tense and/or past tense.

Infinitiv	Perfekt	Präteritum
sprechen	hat gesprochen	sprach
singen		
	hat gedacht	
		schrie
flüstern		
	hat gefragt	
rufen		
		erzählte
	hat geantwortet	
		sagte

Reading Corner

5. Ich habe es gehört, als ich in der Bank war.

Frau Becker was waiting in the bank, when she overheard a very interesting conversation. When she got home, she told her husband about it. Read what she said, and then rewrite the conversation in the word balloons overleaf.

Er fragte sie, was sie dieses Wochenende vorhatte, und sie sagte, daß sie auf eine Party gehen würde. Also fragte er sie, wo die Party wäre, und sie erzählte ihm, daß sie in der Südstadt wäre, und daß es eine sehr gute Party werden würde.

Er fragte sie, warum es eine sehr gute Party werden würde, und sie sagte, weil die Eltern ihrer Freundin übers Wochenende wegfahren würden. Dann fragte er, wie ihre Freundin hieß, und sie sagte, ihr Name wäre Silke, und der Name ihres Bruders wäre Thomas!

Write Here

6. Was sagen Sie hier?

Answer the questions as in the example.

Example: Was sagen Sie, wenn Sie den Preis einer Ware wissen wollen?

<u>Was kostet das, bitte?</u>

1. Was sagen Sie, wenn Sie den Weg zum Bahnhof wissen wolle?

   Entschuldigen Sie bitte, _____

2. Was sagen Sie, bevor Sie ins Bett gehen?

   _____

3. Was sagen Sie, wenn Sie sich im Zug neben jemanden setzen wollen?

   _____

4. Was sagen Sie, wenn Sie die Schließungszeiten der Bibliothek wissen wollen?

   _____

5. Was sagen Sie, wenn Sie das Alter von jemandem wissen wollen?

   _____

6. Was sagen Sie, wenn Sie jemanden heute abend zu einem Film einladen wollen?

   _____

UNIT 24: Review

This final unit gives you a chance to review all the work you have done in the previous units.

1. Gegenteil

What's the opposite of:

1. ein bißchen _____
2. sauber _____
3. ankommen _____
4. spät _____
5. gleich _____

6. immer _____
7. laut _____
8. schlecht _____
9. kaufen _____
10. finden _____

2. Finden Sie das Wort

What are the missing words?

1. _ _ll_ _   Man braucht ihn, um Suppe zu essen.
2. _ _ _rr_ _   Ein Verkehrsmittel
3. _ _ _ _ _tt_   Männer tragen sie.
4. _ _ _ _ _ll   Gegenteil von langsam
5. _ _ff_ _   Ein warmes Getränk
6. _ _tt_ _   Regen oder Sonne?
7. _ _ _ff_ _   Freunde …
8. _ss_ _   Man tut es, wenn man Hunger hat.
9. _ _tt_ _ _   Ein Haustier muß man …
10. _ _ll_ _   Er ist unter dem Haus.
11. _eu_ _   Gegenteil von billig
12. _ _äu_ _ _   Man tut es nachts.
13. _ _ _ _ _ie_ _ _ Perfekt von schreiben
14. _ _ _ _ie_ _ _   Gegenteil von finden

3. Finden Sie den Fehler!

Cross out the word that is wrong in each sentence, and write in the correct words.

1. Wollen wir heute abend ins Kino gegangen?

2. Würdest du am August gerne zelten gehen?

3. Sie hat einkaufen gegangen.

4. Hast du heute abend schon nichts vor?

5. Ich arbeite hier schon vor 5 Jahren.

6. Mein Großvater ist der ältere in der Familie.

7. München ist die teure Stadt in Deutschland.

8. Kannst du mich vom Bahnhof treffen?

4. Kreuzworträtsel

Waagerecht

1) Ich gehe nach Hause, _ _ _ _ _ _ _ _ _ _ ich müde bin.

4) Vergangenheitsform von: ich kann

5) Gegenteil von Sonne scheinen

6) _ _ _ _ _ _ _ _ _ _ Sie, was er gesagt hat?

8) Können wir die Kinder allein _ _ _ _ _ _ _ _ _ _ ?

9) Man reitet auf ihnen.

11) Gegenteil von gut

13) böse sein = sich _ _ _ _ _ _ _ _ _ _

15) Perfekt von gehen

17) Blumen gießen – Tiere _ _ _ _ _ _ _ _ _ _

18) Ich bin müde. Die Fahrt war sehr _ _ _ _ _ _ _ _ _ _ .

Senkrecht

1) Was möchtest du _ _ _ _ _ _ _ _ _ ? Pilot!

2) Gegenteil von schnell

3) Es ist im Gesicht.

7) Infinitiv von: er sieht aus

10) Gegenteil von Ausgang

11) Man hört es in der Oper.

12) Wenn ich doch mehr Geld _ _ _ _ _ _ _ _ _ !

14) Er arbeitet im Garten.

16) Man trägt sie auf dem Kopf.

98

5. Möchten Sie Hamburg besuchen?

Supply the endings to articles and adjectives.

Hamburg ist ein___ schön___ alt___ Stadt mit viel___ Sehenswürdigkeiten.
Es gibt viel___ Theater, Museen und Galerien. Sie können auch d___ Hamburger
Hafen besuchen und auf d___ Alster segeln.

Wenn das Wetter nicht so schön ist, können Sie unter d___ Alsterarkaden bummeln und
für Ihr___ Familie und Ihr___ Freunde Geschenke kaufen. Hamburg ist auch berühmt für
sein ___ Restaurants, wo Sie besonders fantastisch___ Fischgerichte essen können. Kommen
Sie nach Hamburg!

6. Die Postkarte

Postcards are often written in note form to save
space – rewrite this postcard in
full sentences.

Dienstag. Sehr heiß jeden Tag, aber heute Regen. Hotel sehr gut – klein, ruhig, aber großes Schwimmbad, zwei Restaurants. Viele interessante Leute. Gehe jeden Tag schwimmen. Einkaufen schwierig – Sprache! Aber Leute hier sehr nett, und Essen großartig. Samstag nach Hause – bis dann!

Marianne

Heute ist Dienstag ...

----

7. Hat sie es schon gemacht?

Frau Becker is very busy today, so she has made a list of things to do. It's now lunchtime. What has she done? What hasn't she done? Make sentences like the ones in the example.

Example: Brot kaufen ✔ _Hat sie schon Brot gekauft? Ja._

Rasen mähen ✘ _Hat sie den Rasen schon gemäht? Nein, noch nicht._

1. Mutti anrufen ✔ _____
2. Bad putzen ✘ _____
3. Schlafzimmer aufräumen ✘ _____
4. Briefe einwerfen ✔ _____
5. zur Bibliothek gehen ✔ _____
6. mit dem Hund spazierengehen ✔ _____

8. Fragen über Sie!

1. Was tragen Sie heute?

_____

2. Wie ist das Wetter heute?

_____

3. Wohin sind Sie letztes Jahr in Urlaub gefahren?

_____

4. Wie oft gehen Sie zum Zahnarzt?

_____

5. Haben Sie schon mal Diät gemacht?

_____

6. Wo haben Sie gewohnt, als Sie Kind waren?

_____

7. Wie lange lernen Sie schon Deutsch?

_____

8. Kennen Sie Deutschland? Waren Sie schon mal da?

_____

REFERENCE
SECTION

Answer Key

Unit 1

1. bin – ich; bist – du; ist – es, Maria, Peter, er; sind – die Kinder, Herr und Frau Meier, Inge und ich, wir; seid – ihr, Max und du

2. sind, ist nicht, heiße, geht, bin, trinken, sind

3. Spanien, Spanisch, ein Spanier, eine Spanierin
England, Englisch, ein Engländer, eine Engländerin
Deutschland, Deutsch, ein Deutscher, eine Deutsche
Schottland, Schottisch, ein Schotte, eine Schottin
Italien, Italienisch, ein Italiener, eine Italienerin
USA, Amerikanisch (englisch), ein Amerikaner, eine Amerikanerin
Japan, Japanisch, ein Japaner, eine Japanerin
Schweiz, Schweizerisch, ein Schweizer, eine Schweizerin
Österreich, Österreichisch, ein Österreicher, eine Österreicherin

4. 5 fünf; 7 sieben; 6 sechs; 8 acht; 3 drei; 9 neun; 1 eins; 4 vier; 2 zwei; 10 zehn

5. heißt, kommen, wohnt/ist, entschuldigen, bist, habt, verstehe, heißen, trinken, sind

6. 1. Sie ist nicht Französin.
   2. Sie kommen nicht aus England.
   3. Das ist nicht Kaffee.
   4. Ihr Name ist nicht Meier.
   5. Ich bin nicht ledig.

7. 5–2–7–4–1–8–6–3

8. Free answers.

Unit 2

1. 1.–d.; 2–h.; 3.–j.; 4.–f.; 5.–c.; 6.–i.; 7.–a.; 8.–b.; 9.–k.; 10.–g.

2. deine; eine; ein; meine; meine; mein; meine; deine; deinen; ein; einen

3. Peter ist achtundzwanzig; Inge ist neunundzwanzig; Frau Graf ist neunundvierzig; Herr Graf ist sechsundfünfzig; Manfred ist neunzehn; Lisa ist achtundzwanzig

4. Geschwister; Bruder; Schüler; Schwester; Zwillingsschwester; Studentin; Eltern; Vater; Ingenieur; Mutter; Sekretärin; Hausfrau; Kaufmann

5. 1. eine; 2. unser; 3. meine; 4. deine; 5. mein; 6. Ihr; 7. einen; 8. dein

6. 1. Hast du ein neues Auto?
   2. Möchtest du ein Glas Bier?
   3. Woher kommen Herr und Frau Thomas?
   4. Was ist er von Beruf?
   5. Hat Lisa einen Bruder oder eine Schwester?
   6. Und wo ist mein Mantel?

7. 1. Nein, er arbeitet für eine große Firma.
   2. Nein, er ist Kaufmann von Beruf.
   3. Nein, er macht die Hausarbeit.
   4. Nein, sie ist Studentin.
   5. Nein, sie kommt aus Düsseldorf.

8. Ist Ihre Adresse Hauptstraße 27? – Nein, sie ist Hauptstraße 47. – Sind Sie verheiratet? – Ja. – Wie heißt Ihr Mann? – Er heißt Michael. – Ist er Rechtsanwalt? – Nein, er ist Lehrer. – Kommt er aus München? – Nein, er ist aus Österreich.

Unit 3

1. 1.–a.; 2.–d.; 3.–e.; 4.–g.; 5.–b.; 6.–f.; 7.–c.

2. in; bei; Da sind; hast; es gibt; hinter; Frauen; in der Nähe; neben

3. grün, blau, gelb, rot, braun, schwarz, weiß, grau, rosa, lila, orange

4. **der:** Schreibtisch, Stuhl, Tisch, Kühlschrank, Teppich, Herd, Kleiderschrank, Küchenschrank
die: Mikrowelle, Schreibtischlampe, Dusche, Badewanne, Waschmaschine
das: Sofa, Bett, Waschbecken, Spülbecken, Telefon, Bücherregal
Küche: Kühlschrank, Herd, Küchenschrank, Mikrowelle, Spülbecken, Tisch, Stuhl, Lampe, Waschmaschine
Wohnzimer: Teppich, Tisch, Bücherregal, Sofa, Lampe
Schlafzimmer: Bett, Stuhl, Teppich, Kleiderschrank, Lampe
Bad: Badewanne, Dusche, Waschbecken, Lampe
Büro: Schreibtisch, Stuhl, Telefon, Bücherregal, Schreibtischlampe.

5. 1. keinen; 2. kein; 3. nicht; 4. nicht; 5. kein; 6. nicht; 7. nicht; 8. keine; 9. nicht; 10. nicht

6. 1. Wo ist der Garten? Er…
   2. Wie ist das Büro? Es…
   3. Wo ist die Limonade? Sie…
   4. Gefällt dir die Wohnung? Sie…
   5. Wie ist die Küche? Sie…
   6. Wo liegt/ist das Haus? Es…

7. 1. Schwimmbad; 2. Fitneßzentrum; 3. Telefonzellen; 4. Café; 5. Kiosk; 6. Reisebüro; 7. Sofas, Stühle, Kaffeetische; 8. Toiletten; 9. französisches Restaurant

8. Liebe Regina, ich habe eine neue Wohnung. Sie liegt am Stadtrand. Sie ist 68 m² groß. Sie hat 2 Zimmer (ein Schlafzimmer und ein Wohnzimmer) mit Küche und Bad. Das Bad hat keine Badewanne, nur eine Dusche, aber die Küche ist groß und hat eine Waschmaschine und einen Gasherd. Und das Schönste: Es gibt einen Balkon nach Süden. Ich habe auch einen Keller, und im Hof ist Platz fürs Auto. Die Wohnung liegt sehr ruhig. Meine Telefonnummer ist… Ruf mal an! Deine Inge (slight variations possible!)

Unit 4

1. **ein Glas:** Mineralwasser, Weißwein, Milch, Marmelade
   eine Tasse: Milch, Tee
   eine Flasche: Mineralwasser, Weißwein, Milch
   eine Kanne: Milch, Tee
   eine Dose: Fleisch, Wurst, Milch, Gemüse
   ein Teller: Gemüse, Pommes frites, Reis, Kartoffeln
   eine Packung: Zucker, Käse, Wurst, Reis, Butter.

2. 1. Maria, Thomas und Silke kommen zu spät.
   2. Maria mag Rindersteak.
   3. Silke möchte keine Kartoffeln.
   4. Thomas und sein Freund sind Vegetarier.
   5. Thomas hat keinen Hunger.

3. 1. Es ist sieben Uhr. 2. Es ist halb vier/drei Uhr dreißig. 3. Es ist elf Uhr. 4. Es ist halb sieben/sechs Uhr dreißig.

4. 1. Um um sieben Uhr dreißig ist er im Bad. 2. Um acht Uhr dreißig ist er im Auto. 3. Um neun Uhr ist er im Büro. 4. Um dreizehn Uhr ist er in der Kantine. 5. Um achtzehn Uhr dreißig ist er im Sportzentrum. 6. Um zwanzig Uhr dreißig ist er in der Kneipe.

5. 1. ihn; 2. sie; 3. sie; 4. ihn; 5. mich; 6. sie; 7. uns; 8. dich.

6. 1. Ich esse gern Fleisch. 2. Es gefällt mir sehr gut. 3. Ja, sehr gern. 4. Nein, es gefällt mir nicht. 5. Ich spiele nicht gern. 6. Sie schmeckt mir sehr gut.

7. 3.–5.–1.–4.–6.–2.–8.–7.

8. 1. Geht Maria gern einkaufen? – Nein, sie geht gar nicht gern einkaufen.
   2. Gehen Frank und Iris gern schwimmen? – Nein, sie gehen nicht sehr gern schwimmen.
   3. Geht Maria gern schwimmen? – Ja, sie geht ganz gern schwimmen.
   4. Gehen Maria und Iris gern tanzen? – Nein, sie gehen gar nicht gern tanzen.
   5. Spielt Iris gern Badminton? – Nein, sie spielt nicht sehr gern Badminton.
   6. Geht Frank gern in die Kneipe? – Nein, er geht gar nicht gern in die Kneipe.

Unit 5

1. 1.–d.; 2.–e.; 3.–a.; 4.–f.; 5.–b.; 6.–g.; 7.–c.; 8.–h.

2. spiele, spiele, lerne, spiele, lesen, bleibe, besuche, koche, treffe, treffe

3. 1.–d.; 2.–c.; 3.–a.; 4.–b.; 5.–g.; 6.–f.; 7.–e.

4. Free answers.

5. 1. Samstags spiele ich immer Fußball.
   2. Oft besucht Katrin am Wochenende ihre Eltern.
   3. Peter fährt nomalerweise mit dem Auto zur Arbeit.
   4. Roten Wein trinke ich nicht oft.
   5. Freitags geht Lisa manchmal ins Sportzentrum.
   6. Thomas ißt nie Fleisch.

6. 1. fährt… Auto? 2. liest; 3. ißt… Mittag; 4. schläfst; 5. siehst… fern; 6. spricht

7. um; um; zur; um; an; in; an; im; in; in

8. Free answers.

Unit 6

1. 1.–f; 2.–e.; 3.–b.; 4.–g.; 5.–c.; 6.–d.; 7.–a.

2. 9, 3, 8, 2, 6, 1, 12, 7, 11, 5, 4, 13, 10

3. **Obst:** Apfel, Birne, Erdbeere, Zitrone, Blutorange, Kirsche, Trauben
   Gemüse: Salat, Kartoffeln, Erbsen, Bohnen, Karotten, Zwiebel, Blumenkohl, Paprika
   Fleisch: Hähnchen, Bratwurst, Rind, Schwein, Wild, Schinken

4. 1. ein Pfund Tomaten; 2. ein Liter Milch; 3. ein halbes Pfund Butter; 4. ein Viertel Pfund Salami; 5. ein halber Liter Sonnenblumenöl; 6. ein dreiviertel Liter Rotwein

5. 1. etwas; 2. ein; 3. etwas; 4. ein; 5. etwas; 6. etwas; 7. ein; 8. etwas; 9. ein; 10. etwas; 11. etwas; 12. eine

6. 1. welche; 2. keinen; 3. einen, welche, keine; 4. kein; 5. eine, eine, keine; 6. welche

7. 1. Wer hat immer Streit? Walter und Maria.
   2. Treibt Walter Sport? Nein, er treibt keinen Sport.
   3. Wer mag Schweinebraten und Bier? Walter!
   4. Ißt er viel zum Frühstück? Ja, er ißt sehr viel!
   5. Spielt er oft Tennis? Nein, er spielt nie Tennis.
   6. Wann wird er fünfzig? Nächstes Jahr.

8. 1. Inge ißt normalerweise Müesli mit Obst zum Frühstück. Sie trinkt Tee. Zum Mittagessen ißt sie ein belegtes Brot.
   2. Herr Becker ißt normalerweise drei Eier, Käse, Wurst, Brot mit Marmelade zum Frühstück. Er trinkt Kaffee. Zum Mittagessen ißt er Schweinebraten mit Kartoffeln oder Pommes frites.
   3. Frau Becker ißt normalerweise ein Marmeladebrot und einen Joghurt zum Frühstück. Sie trinkt Tee. Zum Mittgessen ißt sie Obst, ein Käsebrot, und sie trinkt Mineralwasser.

Unit 7

1. 1.–g.; 2.–h.; 3.–a.; 4.–c; 5.–d.; 6.–e.; 7.–b.; 8.–f.

2. 1. Er mag blau oder grau oder schwarz. 2. Nein. 3. 150,– DM. 4. Ein Baumwollhemd. 5. Nein. 6. Nein.

3. 1. das Hemd; 2. die Hose; 3. die Bluse; 4. der Rock; 5. der Mantel; 6. die Jacke; 7. die Schuhe; 8. die Strümpfe; 9. der Anzug; 10. das Kostüm

4. 1. grüne; 2. graue; 3. schwarzen, blauen; 4. weiße; 5. braunen; 6. schwarzes; 7. graue; 8. rote; 9. gelber

5. 1. Was kostet die Uhr? – Neununddreißig Mark.
   2. Was kosten die Krawatten? – Neun Mark neunzig.
   3. Was kostet der Rock? – Siebenundachtzig Mark.
   4. Was kosten die Äpfel? – Vier Mark fünfzig das Kilo.
   5. Was kostet der Schirm? – Achtzehn Mark fünfzig.
   6. Was kosten die Strümpfe? – Sechs Mark fünfzig.

6. einkaufen, kocht, kocht, geht, geht, kauft… ein, kommt, kocht, mag, mag, kochen, gehen.

7. 1. Welche Größe hat sie? 2. Was kostet der Rock? 3. Welche Farbe hat das Hemd? 4. Was kosten die Strümpfe? 5. Kann ich Ihnen helfen? 6. Wo sind die Krawatten?

Unit 8

1. 1.–e.; 2.–g.; 3.–c.; 4.–a.; 5.–h.; 6.–b.; 7.–f.; 8.–d.

2. sehen, an, dort, über, sehen, ab, über, oder, mir, woher

3. 1– erste; 2– zweite; 3– dritte; 4– vierte; 5– fünfte; 6– sechste; 7– siebte; 8– achte; 9– neunte; 10– zehnte

4. 1. Bibliothek; 2. Postamt; 3. Schwimmbad; 4. Bank; 5. Supermarkt; 6. Restaurant; 7. Kneipe

5. 1. im; 2. auf; 3. an; 4. auf; 5. in; 6. um; 7. in; 8. an

6. 1. Entschuldigen Sie, gibt es hier eine Telefonzelle in der Nähe?
2. Männerbekleidung gibt es im vierten Stock.
3. Die Kneipen schließen am Wochenende schon um halb zwölf.
4. Biegen Sie an dem großen Hotel rechts ab.
5. Montag bis Freitag ist die Bibliothek ab neun Uhr morgens geöffnet.
6. Gehen Sie an der Kreuzung geradeaus.

7.

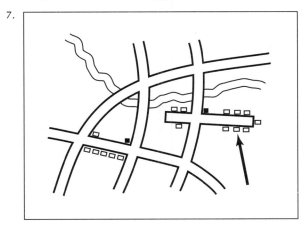

8. 1. Die Bibliothek hat montags bis freitags von zehn Uhr bis achtzehn Uhr geöffnet. Samstags hat sie von zehn Uhr bis siebzehn Uhr geöffnet. Sonntags ist sie geschlossen.
2. Das Postamt hat montags bis freitags von neun Uhr bis siebzehn Uhr dreißig geöffnet. Samstags hat es von neun Uhr bis zwölf Uhr dreißig geöffnet. Sonntags ist es geschlossen.
3. Das Restaurant hat montags, mittwochs, donnerstags und freitags von achtzehn Uhr dreißig bis dreiundzwanzig Uhr geöffnet. Samstags hat es von achtzehn Uhr dreißig bis dreiundzwanzig Uhr dreißig geöffnet. Dienstags und sonntags ist es geschlossen.

Unit 9

1. 1.–f.; 2.–i.; 3.–e.; 4.–h.; 5.–g?; 6.–j?; 7.–d?; 8.–c.; 9.–a.; 10.–b.

2. war, ist passiert, hatten, hatten, hat… gesehen, war, hat… gefragt, habe… geholfen, hat… verstanden, bin… gegangen, war, war, waren, war, war, hat… gesehen

3. 1. Sportzentrum; 2. Brücke; 3. sehen; 4. nachmittags; 5. weiß

4. wir; Kinder; Männer; Bibliotheken; Züge; Pullover; Familien; diese; Personen

5. 1. hatte, hatte, war; 2. warst, waren; 3. habe; 4. bin; 5. hatte; 6. war; 7. haben; 8. bist, warst; 9. habe, bin, bin; 10. hat

6. 1. Wohin bist du gestern gefahren?
2. Wann hast du sie getroffen?
3. Was habt ihr im Restaurant gegessen?
4. Wie viele Bücher hast du aus der Bibliothek geliehen?
5. Wo seid ihr einkaufen gegangen?

7. 1. In der Poststraße; 2. Nein; 3. Ja; 4. Nach Hause; 5. ihre Mutter; 6. Peter

8. (Suggested answer:)… Am Samstag morgen habe ich im Supermarkt eingekauft, und dann habe ich für Thomas ein Paar Schuhe gekauft. Nachmittags bin ich mit dem Hund spazierengegangen, und abends war ich mit Petra im Kino. Am Sonntag habe ich einmal ausgeschlafen! Dann habe ich Frank und Iris getroffen. Wir haben ein Tennis–Doppel gespielt. Abends war ich sehr müde und habe ferngesehen.

Unit 10

1. 1.–c, g; 2.–d, h; 3.–a, c; 4.–c; 5.–h; 6.–b, c; 7.–e; 8.–f.

2. bin… gefahren, hat… gefallen; hast… gewohnt; war; hasse; war, habe… gegessen, getrunken, habe… kennengelernt, warst; hatte, bin… gefahren, hat… gemacht; war, sind… gegangen, sind geschwommen, haben… besucht; habt… gekocht; haben… gekocht, sind… gegangen, haben… kennengelernt

3. 1. neunzehnhundertfünfundachtzig;
2. neunzehnhundertsechzig;
3. achtzehnhunderteinundachtzig;
4. neunzehnhundertvierundneunzig;
5. siebzehnhundert;
6. neunzehnhunderachtundsiebzig;
7. neunzehnhundertneunzig; 8. neunzehnhundertzwölf

4. 1. Fahrrad; 2. Bahn; 3. Auto; 4. Taxi; 5. Motorrad; 6. Straßenbahn; 7. Fähre; 8. Flugzeug

5. ich habe kontrolliert, ich habe gegessen, ich bin geschwommen, ich habe getrunken, ich bin geblieben, ich habe gewohnt, ich habe eingekauft
arbeiten, fernsehen, vergessen, brauchen, fahren, kennenlernen, wandern, ausschlafen

6. 1. Nein, sie ist nicht im Meer geschwommen, sondern im Schwimmbad.
2. Nein, sie hat nicht im Hotel gewohnt, sondern im Zelt.
3. Nein, sie sind nicht 1989 nach Österreich gefahren, sondern 1988.
4. Nein, sie haben nicht jeden Abend Bier getrunken, sondern Wein.
5. Nein, sie sind nicht mit dem Auto gefahren, sondern mit der Bahn.
6. Nein, er hat nicht den Reifendruck kontrolliert, sondern den Ölstand.

7. 1. Wann ist sie geboren?
2. Wann ist die Familie nach Deutschland gekommen?
3. Wohin ist die Familie gekommen?
4. Wo hat Maria Becker studiert?
5. Was hat sie studiert?
6. Wann hat sie geheiratet?

8. 1. Hast du den Zeltplatz angerufen? Ja, das habe ich gemacht.
2. Hast du Lebensmittel eingekauft? Ja, das habe ich gemacht.

3. Hast du das Auto gewaschen? Nein, das habe ich nicht gemacht.
4. Bist du zur Bank gegangen? Ja, das habe ich gemacht.
5. Hast du die Wanderschuhe geputzt? Nein, das habe ich nicht gemacht.
6. Hast du das Zelt geprüft? Ja, das habe ich gemacht.
7. Hast du die Katze zu Oma gebracht? Ja, das habe ich gemacht.
8. Hast du getankt? Nein, das habe ich nicht gemacht.

Unit 11

1. 1.–d.; 2.–g.; 3.–h.; 4.–e.; 5.–b.; 6.–a.; 7.–c.; 8.–f.

2. Schreibmaschine schreiben, arbeiten, kann, schreiben, haben, fahren, fahren, lernen, liebe, anfangen

3. 1. –; 2. Können Sie fotografieren? 3. Können Sie französisch? 4. Können Sie Schreibmaschine schreiben? 5. Können Sie kochen? 6. Können Sie einen Bus fahren? 7. Können Sie singen?

4. Fotomodell, Bäcker, Ober, Rechtsanwalt, Koch, Maurer, Verkäufer, Lehrer, Artist, Ingenieurin, Telefonist, Therapeut, Mechaniker, Zahnärztin, Kauffrau, Bauer, Sängerin, Arzt, Polizistin, Taxifahrer

5. 1. Kannst; 2. möchten, möchten; 3. müssen; 4. kann; möchte, 5. möchtet; 6. muß, müssen/möchten

6. 1…ich krank bin
2…ich kein Geld habe/ich krank bin
3…das ein interessanter Beruf ist/sie Fremdsprachen liebt/man viel Geld verdient/man viele Leute trifft
4…sie Fremdsprachen liebt
5…sie geschlossen war/es zu kalt war/ich krank bin
6…das ein interessanter Beruf ist/man viel Geld verdient

7. 1. weil sie eine neue Stelle hat
2. weil sie sehr beschäftigt ist/weil sie nach Australien fährt
3. weil er nicht zuhause war
4. weil es kalt und naß ist
5. weil es immer warm ist

8. (Suggested answer:) Frau Benz ist 1958 geboren. Sie ist 1964–1974 zur Schule gegangen. Ihr Traumberuf war Ballettänzerin. Aber von 1974–1977 hat sie Kauffrau gelernt. 1982 hat sie einen Computerkurs gemacht und 1983–1985 an der Abendschule Englisch gelernt. 1984 hat sie geheiratet. Jetzt ist sie Fremdsprachensekretärin von Beruf. Sie kann sehr gut Englisch. Sie spricht es sehr gut und schreibt es gut. Sie kann auch Französisch. Das spricht sie gut, aber sie kann es nicht schreiben. 1986 war sie fünf Monate in Frankreich. Ihr Traum ist: Sie möchte in den USA leben. Sie hat ein Hobby. Sie spielt sehr gut und gern Tennis.

Unit 12

1. 1. der erste; 2. vier Mark fünfzig; 3. sechzehn; 4. sechzig; 5. neunzehntausendfünfhundert; 6. der dritte; 7. neunzehnhundertvierundachtzig; 8. fünfundsiebzig Pfennig

2. 1. Heute *morgen* bin ich um 8 Uhr aufgestanden.
2. Hast du schon im Supermarkt *eingekauft?*
3. Wir *sind* 2 Stunden spazierengegangen.
4. Ich möchte gern *einen* Salatteller.
5. Das *Essen* war sehr gut.
6. Der Käse ist *im* Kühlschrank.

3. 1. Jeden Abend sehe ich fern.

2. Heute gehen wir nicht spazieren, weil es kalt ist.
3. Ich kann nicht besonders gut Tischtennis spielen.
4. Ich möchte keinen Reis, sondern lieber Kartoffeln.
5. Das Restaurant hat heute von fünfzehn Uhr bis achtzehn Uhr geschlossen.

4. 1. weit weg; 2. weiß; 3. leicht; 4. Tante; 5. Nacht; 6. Winter; 7. verheiratet; 8. nie; 9. kalt; 10. geöffnet; 11. dunkel; 12. hinter dem Haus

5. 1. Was kostet das zusammen? 2. Wohin fährst du? 3. Wo warst du gestern? 4. Wie lange ist die Bibliothek geöffnet? 5. Wie als ist deine Tochter? 6. Welches Hemd möchten Sie?

6. 1. Wir sind gestern nicht ins Kino gegangen.
2. Seine neue Stelle gefällt ihm nicht gut.
3. Ich habe heute morgen kein Obst gekauft.
4. Möchtest du kein Bier?
5. Mein Haus hat keinen großen Garten.
6. Das Wetter ist hier nie schön.

7. (Suggested answer:) Liebe Petra, ich bin hier in Österreich im Urlaub. Es gefällt mir sehr gut hier. Das Wetter ist immer schön. Und es ist gar nicht langweilig. Man kann hier sehr viel machen. Man kann hier Tennis spielen, schwimmen (es ist sehr warm), man kann viele Leute treffen. Ich treffe meistens Freunde – es gibt hier sehr viele junge Leute. Abends ist es besonders interessant hier. Es gibt viele Kneipen und Discos. Ich gehe immer erst um ein Uhr morgens ins Bett. Das Essen ist auch sehr gut. Ich möchte gar nicht nach Hause kommen. Liebe Grüße, Erika.

8. 1. hatte/habe gehabt; 2. habe gemacht; 3. habe ferngesehen; 4. habe getrunken; 5. habe gegessen; 6. habe verloren; 7. habe gebraucht; 8. habe gebracht; 9. habe bekommen; 10. bin geblieben; 11. bin gefahren; 12. habe telefoniert

9. **Waagerecht:** 2. Zeitung; 3. Winter; 5. Ecke; 6. Kellner; 8. Obst; 10. Wochenende; 11. Saft; 13. Suppe; 15. sieben; 16. Dusche; 18. Tag; 19. Anzug; 20. Kinder; 21. neu; 22. Rind
Senkrecht: 1. Wetter; 2. Zwillingsbruder; 4. Ei; 6. Kind; 7. rot; 9. Monat; 12. Frage; 14. essen; 17. Haus

Unit 13

1. 1.–f.; 2.–d.; 3.–b.; 4.–h.; 5.–a.; 6.–g.; 7.–c.; 8.–e.

2. 1. richtig; 2. falsch; 3. richtig; 4. falsch; 5. falsch; 6. richtig

3. 1. glücklich; 2. alt; 3. teuer; 4. kurz; 5. dunkelhaarig; 6. klein; 7. leicht; 8. dick

4. 1. die Nase; 2. der Mund; 3. das Kinn; 4. die Haare; 5. das Auge; 6. das Ohr; 7. die Zähne; 8. der Hals

5. 2. alt, älter, am ältesten; 3. gut, besser, am besten; 4. lang, länger, am längsten; 5. glücklich, glücklicher, am glücklichsten; 6. schmal, schmaler, am schmalsten; 7. schwer, schwerer, am schwersten; 8. groß, größer, am größten; 9. leicht, leichter, am leichtesten; 10. teuer, teurer, am teuersten

6. 1. schwarzen; 2. lange; 3. große; 4. kurze, weißes; 5. rote; 6. neuen; 7. neue; 8. alten; 9. blaue; 10. seidene

7. treffen, so alt, jünger, größer, Haare, braune, trage, habe

8. 1. Dieter ist am schwersten. 2. Dieter ist am ältesten. 3. Stefan ist am jüngsten. 4. Stefan ist am größten. 5. Stefan ist jünger als Margret. 6. Dieter und Margret sind kleiner als Stefan. 7. Stefan und Dieter haben dunklere Haare als Margret. 8. Dieter hat die kürzesten Haare.

Unit 14

1. 1.–c. Deshalb/Also trage ich eine Mütze und Handschuhe.
   2.–f. Deshalb/Also habe ich meinen Schirm dabei.
   3.–e. Deshalb/Also sitze ich im Garten.
   4.–b. Deshalb/Also können wir die Hand nicht vor den Augen sehen.
   5.–a. Deshalb/Also können wir nicht radfahren.
   6.–d. Deshalb/Also schwimmen die Kinder alle im Meer.

2. bist; rufst… an; machst; wohnst; suche; machst; wasche; putze; arbeitet; kannst; muß; soll

3. 1. schreibt; 2. trinken; 3. arbeitet; 4. singt; 5. schwimmen; 6. schläft; 7. sitzt; 8. fahren, 9. wohnt. Das Land: Brasilien

4. 1. Kannst; 2. kann; 3. soll; 4. müssen; 5. müßt; 6. sollst

5. 1. Wir zelten, weil wir Hotels nicht so gern mögen.
   2. Heute habe ich Geburtstag. Deshalb gebe ich eine Party.
   3. Ich bleibe heute zu Hause, weil es regnet.
   4. Ich konnte letztes Jahr nicht in Urlaub fahren, weil ich kein Geld hatte.
   5. Die Kinder schlafen schon. Deshalb ist es so ruhig.

6. 1. Wo war sie heute? 2. Wann fängt das Praktikum an?
   3. Wann hat sie ihre Freunde angerufen? 4. Wo kann sie wohnen? 5. Was macht Jürgen?

7. Liebe Regina, seit gestern bin ich hier in Australien. Das Wetter ist sehr schön. Es ist immer sonnig und warm. Heute habe ich noch frei, aber morgen muß ich arbeiten. Ich habe eine Gruppe mit 35 deutschen Touristen. Ich muß hart arbeiten: ich muß weit fahren, ihnen viel zeigen und alle ihre Fragen beantworten. Ich denke nicht oft an Peter. Es ist kein Problem mehr für mich. Er ist mir egal. Liebe Grüße…

Unit 15

1. 1.–d.; 2.–g.; 3.–e.; 4.–f.; 5.–a.; 6.–b.; 7.–c.

2. 1. Moment mal; 2. Entschuldige die Störung; 3. Vielleicht; 4. Das wäre sehr schön; 5. Aber macht nichts; 6. Ist dir das recht?; 7. Übrigens,; 8. Ich weiß noch nicht genau.

3. 1. November; 2. April; 3. Januar; 4. Dezember; 5. August; 6. Februar; 7. Oktober; 8. September; 9. März; 10. Mai; 11. Juni; 12. Juli

4. 1. Kino; 2. Theater; 3. Restaurant; 4. Museum; 5. Party; 6. Fußballspiel; 7. Schwimmbad; 8. Konzert

5. 1. Wie wäre es mit einem Film am Mittwoch?
   2. Wie wäre es mit Golf am Sonntag?
   3. Wie wäre es mit Zelten im August?
   4. Wie wäre es mit Zuhausebleiben heute abend?
   5. Wie wäre es mit einem Spaziergang?
   6. Wie wäre es mit einer Geburtstagsparty?

6. 1. würde; 2. hättest; 3. würde; 4. wären; 5. würdet; 6. wäre; 7. hätte; 8. wäre.

7. 6., 8., 2., 7., 3., 5., 1., 9., 4.

8. 1. Nein, da besuche ich meine Mutter.
   2. Nein, leider nicht, da muß ich auf die Kinder aufpassen.
   3. Nein, leider nicht, da muß ich das Bad streichen.
   4. Nein, leider nicht, da spiele ich Golf mit Tom.
   5. Nein, leider nicht. Am Samstag morgen bringe ich die Kinder ins Kindertheater.
   6. Nein, da geht es leider auch nicht, da gehe ich in die Kirche.

Unit 16

1. 1.–f.; 2.–g.; 3.–e.; 4.–h.; 5.–a.; 6.–d.; 7.–c.; 8.–b.

2. 1. Zwei– oder dreimal die Woche. 2. Jeden Dienstag und Samstag. 3. Ja. 4. Freitag abend. 5. Ja. 6. Er sagt nein, aber er kennt sie!

3. Was man lernt: Französisch, Kochen, Malen, Fotografieren, Schreibmaschine schreiben
   Was man sieht: ein Fußballspiel, Fernsehen, Filme, Theaterstücke, ein Video
   Was man benutzt: ein Telefon, eine Kamera, einen Computer, eine Uhr, Geld

4. 1. Computer; 2. Fußballspiel; 3. Kamera; 4. Geld; 5. Filme; 6. Uhr

5. 1. Wo; 2. woandershin; 3. wo; 4. zum; 5. hierher; 6. ins; 7. wohin; 8. woher

6. 1. Könnte ich bitte/Darf ich Radio hören?
   2. Dürfte ich bitte Ihre Zeitung leihen?
   3. Kann ich deine Kamera mal leihen/haben?
   4. Darf ich mich neben Sie setzen?
   5. Kann ich das Fenster schließen?

7. 1. Wie oft gehen Sie schwimmen?
   2. Wie oft fahren Sie zelten?
   3. Wie oft gehen Sie zum Zahnarzt?
   4. Wie oft gehen Sie zum Tanzunterricht?
   5. Wie oft kommt Ihre Mutter zu Besuch?

8. Free answers

Unit 17

1. 1.–d.; 2.–e.; 3.–f.; 4.–b.; 5.–a.; 6.–c.

2. 8, 5, 7, 1, 9, 2, 6, 4, 10, 3

3. 1. Er wird zu spät kommen.
   2. Er wird von der Leiter fallen.
   3. Die Autos werden zusammenstoßen.
   4. Er wird die Tür aufmachen.
   5. Es wird regnen.
   6. Die Tasse wird zerbrechen.

4. 1. kommen; 2. sprechen; 3. mitbringen; 4. verstehe; 5. stecken; 6. bringst; 7. gesteckt

5. 1. wollte, wollten; 2. will; 3. will, will; 4. werden; 5. wird; 6. wolltest; 7. wirst; 8. will; wird

6. 1. niemand; 2. etwas; 3. nichts; 4. jemand; 5. etwas; 6. etwas; 7. niemand; 8. nichts

7. 1. Nein, am Ende des Monats wird es Geldprobleme geben.
   2. Nein, ich werde nach langer Zeit etwas von einem alten Freund hören.
   3. Nein, es wird Streit mit meinem Partner geben.
   4. Nein, mein Partner wird eifersüchtig sein.
   5. Nein, es wird ein anstrengender Monat werden.
   6. Nein, Sport wird sehr notwendig sein/ich werde viel Sport brauchen.

8. 1. Ich werde nicht Klavier lernen, sondern Gitarre.
   2. Ich werde nicht Lehrerin werden, sondern Ingenieurin.
   3. Ich werde nicht in Kanada leben, sondern in Brasilien.
   4. Ich werde nicht schön sein, sondern reich.
   5. Ich werde keinen Mercedes fahren, sondern einen Porsche.
   6. Ich werde keine Hunde haben, sondern viele Pferde.

Unit 18

1. 1.–e.; 2.–f.; 3.–b.; 4.–c.; 5.–d.; 6.–a.

2. Rückfahrkarten, reisen, zurückkommen, Tageskarten, Wie bitte, benutzen, sagen, Gleis, bleiben, besuchen

3. 1. –; 2. zu; 3. zu; 4. zu; 5. -zu-; 6. –; 7. zu; 8. -zu-

4. 1. Nächte; 2. nehmen; 3. Platz; 4. Kredit-; 5. mit; 6. Doppel-; 7. -karte; 8. einfach; 9. Gleis; 10. zum; 11. Speisewagen; CHARTERFLUG

5. 1. Wie bitte? Welche? 2. Wohin? 3. Von wem? 4. Wie viel/Was? 5. Von welchem Gleis?

6. 1. Alle Teilnehmer waren sehr verärgert.
2. Es gab keine Doppelzimmer und keine Duschen!
3. Alle Zimmer waren schmutzig, und das Essen im Restaurant war nicht gut.
4. Ich wollte ein anderes Hotel für uns finden, aber es war zu spät.
5. Dann habe ich mich beim Hotelmanager beschwert – ein furchtbarer Mensch.
6. Aber morgen fliegen wir nach Deutschland zurück!
7. Der Flug kommt übermorgen um 14.30 Uhr in Frankfurt an.

7. 1. Können Sie mir bitte sagen, wann der nächste Zug von Düsseldorf nach Koblenz fährt? – Ja, er fährt um elf Uhr fünfzig. – Und wann kommt er in Koblenz an? – Um dreizehn Uhr sechsunddreißig.
2. Können Sie mir bitte sagen, wann der nächste Zug von Köln nach Koblenz fährt? – Um vierzehn Uhr zweiundfünfzig. – Wann kommt er an? – Um sechzehn Uhr dreißig.

Unit 19

1. 1.–f.; 2.–d.; 3.–a.; 4.–e.; 5.–b.; 6.–c.

2. war, siehst… aus, war, ist passiert, tut weh, konnte, gehst, treffe, hat… genommen, kennengelernt, Mittag gegessen, möchte

3. 1. Bauch; 2. Kopf; 3. Bein; 4. Schulter; 5.Brust; 6. Hals; 7. Zehen; 8. Ellbogen

4. 1. ansehen; 2. ausgesehen; 3. sehen; 4. sieht… aus; 5. Siehst… an; 6. gesehen

5. 1. Du solltest ein Aspirin nehmen. 2. Du solltest einen Pullover anziehen. 3. Du solltest zum Arzt gehen. 4. Du solltest früh ins Bett gehen. 5. Du solltest zum Zahnarzt gehen.

6. 1. Doch, sie hat sehr viel gegessen.
2. Nein, sie hat nicht abgenommen.
3. Nein, sie sieht schrecklich aus, weil sie nicht schlafen kann.
4. Nein, man trifft interessante Leute beim Sport.
5. Nein, man sieht besser aus, wenn man Sport treibt.

7. 1. Als ich fünfzehn war, war ich zum ersten Mal zelten im Schwarzwald. Es hat jeden Tag geregnet.
2. Als ich zwanzig war, bin ich zur Universität gegangen. Ich habe eine Brille getragen.
3. Als ich zweiundzwanzig war, habe ich in Berlin gewohnt. Ich bin jeden Tag schwimmen gegangen.
4. Als ich fünfundzwanzig war, habe ich als Gärtner gearbeitet. Ich war total fit!
5. Als ich siebenundzwanzig war, habe ich als Kellner gearbeitet. Ich war viel zu dick.
6. Als ich einunddreißig war, habe ich Urlaub in Frankreich gemacht. Ich hatte die Grippe.

Unit 20

1. 1.–d.; 2.–e.; 3.–f.; 4.–a.; 5.–g.; 6.–h.; 7.–b.; 8.–c.

2. 1. richtig; 2. falsch; 3. richtig; 4. richtig; 5. falsch; 6. falsch

3. 1. schon; 2. noch, erst; 3. noch, schon; 4. schon; 5. noch; 6. noch, schon

4. vergessen, beschwert, gesteckt, gehört, gelesen, gesagt, telefoniert, umgezogen, verstanden, geschrieben, gegangen, geworfen, getrunken, getrieben, geliehen, verloren

5. 1. Geh bitte mit dem Hund spazieren! 2. Spielt Fußball! 3. Bringen Sie bitte eine Tasse Kaffee! 4. Holen Sie bitte das Auto ab! 5. Seht nicht so viel fern! 6. Steh bitte auf!

6. bekommen, gehört, gedauert, schlafen, beschwert, geschrieben, hören gern

7. 1. Hast du schon das Auto geputzt? – Nein, das habe ich noch nicht gemacht.
2. Hast du schon eingekauft? – Ja, das habe ich schon gemacht.
3. Hast du schon den Rasen gemäht? – Nein, das habe ich noch nicht gemacht.
4. Hast du schon Geschirr gespült? – Nein, das habe ich noch nicht gemacht.
5. Hast du schon staubgesaugt? – Ja, das habe ich schon gemacht.
6. Hast du schon die Briefe eingeworfen? – Nein, das habe ich noch nicht gemacht.

Unit 21

1. 1.–e.; 2.–f.; 3.–a.; 4.–b.; 5.–c.; 6.–d.

2. habe… gesehen, sehen, habe… gehört, arbeite, gefällt, reisen, machst, arbeite, habe… gesehen, bin… gegangen, gesehen habe, hat… gemacht, habe… gesprochen, fragen, hat… gesessen, hat… gehalten, hat… ausgesehen, haben… gesprochen

3. 1. gewinnen; 2. fragen; 3. verkaufen; 4. abfahren; 5. lernen; 6. geben; 7. sich erinnern; 8. einschlafen

4. 1. langen Jahren; 2. zum ersten, meinem neuen; 3. deinen; 5. ihren eigenen Betten; 5. Ihrem letzten

5. 1. Ich hab es gefunden, während ich den Schrank aufgeräumt habe.
2. Ich habe den Arm gebrochen, während ich in Österreich Ski gefahren bin.
3. Sie haben geheiratet, während sie in Frankreich gelebt haben.
4. Sie hat angerufen, während ich mit einem Kunden gesprochen habe.
5. Er hat seinen Geldbeutel verloren, während er seine Eltern besucht hat.

6. 7, 3, 6, 9, 8, 2, 4, 1, 5

7. 1. Die Katze hat auf dem Tisch gesessen und einen Fisch gefressen.
2. Die Kinder haben unter dem Tisch gesessen.
3. Die Mutter ist vom Einkaufen nach Hause gekommen und war sehr böse!
4. Der Hamburger hat auf dem Sessel gelegen.
5. Das Mädchen hat geweint.
6. Der Junge hat das Mädchen mit einem Löffel geschlagen.

gefressen.
2. Die Kinder haben unter dem Tisch gesessen.
3. Die Mutter ist vom Einkaufen nach Hause gekommen und war sehr böse!
4. Der Hamburger hat auf dem Sessel gelegen.
5. Das Mädchen hat geweint.
6. Der Junge hat das Mädchen mit einem Löffel geschlagen.

Unit 22

1. 1.–f.; 2.– e.; 3.–c., d., g.; 4.–a.; 5.–b.; 6.–c.; 7.–c., d.

2. 1. Wohin würde Herr Becker gern fahren? 2. Würden sie die Kinder mitnehmen? 3. Wandern die Kinder gern? 4. Wie alt sind sie? 5. Was essen sie zum Frühstück? 6. Würden Sie Partys feiern und Bier trinken?

3. 1. Was würde passieren, wenn ich vergessen würde, die Blumen zu gießen? 2…die Kinder allein lassen würde? 3…keine Lebensmittel einkaufen würde? 4…vergessen würde, das Auto abzuholen? 5…zu viel Wein trinken würde?

4. 1…wenn er sich nicht entschuldigt. 2….wenn du dich nicht mehr bewegst. 3…wenn du dein Zimmer aufgeräumt hast. 4…wenn wir so langsam gehen. 5…wenn du nicht mehr lernst. 6…wenn ich noch ein Bier trinken würde.

5. 1. dich; 2. sich; 3. uns; 4. mich; 5. sich

6. 1.–4.–6.–7.–10.–11.–13.
2.–3.–5.–8.–9.–12.–14.

7. 1. Sie werden wahrscheinlich Bier trinken.
2. Sie werden wahrscheinlich Hamburger zum Frühstück essen.
3. Sie werden wahrscheinlich ihre Zimmer nicht aufräumen.
4. Sie werden wahrscheinlich nicht mit dem Hund spazierengehen.
5. Sie werden wahrscheinlich bis 12 Uhr mittags schlafen.
6. Sie werden wahrscheinlich den ganzen Tag fernsehen.

Unit 23

1. 1.– g.; 2.–h.; 3.–e.; 4.–a.; 5.–b.; 6.–d.; 7.–c.; 8.–f.

2. 1. Er sagte, daß er nach Berlin gehen würde.
2. Ich fragte, warum er weggehen würde.
3. Er sagte, daß es für ihn hier zu viele Probleme geben würde.
4. Er sagte, daß er seinen Job nicht mögen würde, und daß alle seine Freundinnen ihn hassen würden.
5. Ich fragte, was er in Berlin machen würde.
8. Er sagte, daß er es noch nicht wissen würde.
9. Er fragte, was ich am Freitag abend machen würde.
10. Ich sagte, daß ich nichts machen würde.
11. Ich fragte, warum er fragen würde.
12. Er sagte, daß er gern mit mir ins Theater gehen würde!

3. 1.–c.; 2.–g.; 3.–e.; 4.–f.; 5.–d.; 6.–a.; 7.–b.

4. 1. hat gesungen, sang; 2. denken, dachte; 3. schreien, hat geschrien; 4. hat geflüstert, flüsterte; 5. fragen, fragte; 6. hat gerufen, rief; 7. erzählen, hat erzählt; 8. antworten, antwortete; 9. sagen, hat gesagt.

5. Junge: Was hast du dieses Wochenende vor?
Mädchen: Ich gehe auf eine Party.
Junge: Wo ist die Party denn?
Mädchen: Sie ist in der Südstadt. Es wird eine sehr gute Party werden.

Junge: Warum?
Mädchen: Die Eltern meiner Freundin fahren übers Wochenende weg.
Junge: Wie heißt denn deine Freundin?
Mädchen: Sie heißt Silke, und ihr Bruder heißt Thomas.

6. 1…wie komme ich zum Bahnhof/können Sie mir den Weg zum Bahnhof sagen?
2. Gute Nacht. Schlaf gut.
3. Darf ich mich neben Sie setzen?/Ist hier noch frei?
4. Wissen Sie/Können Sie mir sagen, wann die Bibliothek schließt?
5. Wie alt sind Sie/bist du?
6. Hast du Lust, heute abend ins Kino zu gehen?

Unit 24

1. viel; 2. schmutzig; 3. abfahren; 4. früh;
5. anders/verschieden; 6. nie; 7. leise; 8. gut; 9. verkaufen;
10. verlieren

2. 1. Teller; 2. Fahrrad; 3. Krawatte; 4. schnell; 5. Kaffee;
6. Wetter; 7. treffen; 8. essen; 9. füttern; 10. Keller; 11. teuer;
12. träumen; 13. geschrieben; 14. verlieren

3. 1. gehen; 2. im; 3. ist; 4. etwas; 5. seit; 6. älteste; 7. teuerste;
8. abholen

4. **Waagerecht:** 1. weil; 4. konnte; 5. regnen; 6. wissen;
8. lassen; 9. Pferde; 11. schlecht; 13. ärgern; 15. gegangen;
17. füttern; 18. anstrengend
Senkrecht: 1. werden; 2. langsam; 3. Kinn; 7. aussehen;
10. Eingang; 11. singen; 12. hätte; 14. Gärtner; 16. Mütze

5. Hamburg ist eine schöne alte Stadt mit vielen Sehenswürdigkeiten. Es gibt viele Theater, Museen und Galerien. Sie können auch den Hamburger Hafen besuchen und auf der Alster segeln. Wenn das Wetter nicht so schön ist, können Sie unter den Alsterarkaden bummeln und für Ihre Familie und Ihre Freunde Geschenke kaufen. Hamburg ist auch berühmt für seine Restaurants, wo Sie besonders fantastische Fischgerichte essen können.

6. Heute ist Dienstag. Es ist hier jeden Tag sehr heiß, aber heute regnet es. Das Hotel ist sehr gut – es ist klein und ruhig, aber es hat ein großes Schwimmbad und zwei Restaurants. Es gibt hier viele interessante Leute. Ich gehe jeden Tag schwimmen. Einkaufen ist ein bißchen schwierig, weil ich die Sprache nicht spreche! Aber die Leute hier sind sehr nett, und das Essen ist großartig. Am Samstag komme/fahre ich nach Hause. Bis dann! Viele Grüße, Marianne.

7. 1. Hat sie ihre Mutter schon angerufen? Ja.
2. Hat sie das Bad schon geputzt? Nein, noch nicht.
3. Hat sie das Schlafzimmer schon aufgeräumt? Nein, noch nicht.
4. Hat sie die Briefe schon eingeworfen? Ja.
5. Ist sie schon zur Bibliothek gegangen? Ja.
6. Ist sie schon mit dem Hund spazierengegangen? Ja

8. Free answers

Grammar

VERBS AND THEIR TENSES

1. REGULAR VERBS

Only a few examples are given. (First person singular used.)

INFINITIVE	PAST PARTICIPLE	SIMPLE PAST
wohnen	habe gewohn-t	wohn-te
arbeiten	habe gearbeit-et	arbeit-ete
studieren	habe studier-t	studier-te

Note: The past participle usually takes the prefix *ge-* plus the ending *-t* (or *-et*). Verbs ending in *-ieren* take the same regular ending, but no prefix.

2. LIST OF IRREGULAR VERBS USED IN THIS TEXT

INFINITIVE	PAST PARTICIPLE	SIMPLE PAST
heißen	habe geheißen	hieß
werden	bin geworden	wurde
lesen	habe gelesen	las
treffen	habe getroffen	traf
fahren	bin gefahren	fuhr
schwimmen	bin geschwommen	schwamm
essen	habe gegessen	aß
schlafen	habe geschlafen	schlief
sehen	habe gesehen	sah
schreiben	habe geschrieben	schrieb
treiben	habe getrieben	trieb
helfen	habe geholfen	half
tragen	habe getragen	trug
finden	habe gefunden	fand
kommen	bin gekommen	kam
schließen	habe geschlossen	schloß
laufen	bin gelaufen	lief
bleiben	bin geblieben	blieb
waschen	habe gewaschen	wusch
ziehen	habe gezogen	zog
brechen	habe gebrochen	brach
sitzen	habe gesessen	saß
schwimmen	habe geschwommen	schwamm

2. LIST OF IRREGULAR VERBS CONTINUED

INFINITIVE	PAST PARTICIPLE	SIMPLE PAST
geben	habe gegeben	gab
sein	bin gewesen	war

IRREGULAR SEPARABLE VERBS

INFINITIVE	PAST PARTICIPLE	SIMPLE PAST
fernsehen	habe ferngesehen	sah fern
aufstehen	bin aufgestanden	stand auf
abbiegen	bin abgebogen	bog ab
anfangen	habe angefangen	fing an
zusammenstoßen	bin zusammengestoßen	stieß zusammen
einwerfen	habe eingeworfen	warf ein
weh tun	habe weh getan	tat weh
abnehmen	habe abgenommen	nahm ab
austrinken	habe ausgetrunken	trank aus

Note: These so-called strong verbs change their vowels and their endings in the present perfect and past tenses. Separable verbs follow the same principle but have, in the present perfect, the ge- between prefix and verb. There is a small group of verbs which take the regular endings but change the vowels: *wissen–habe gewußt–wußte, kennen–habe gekannten kannte, denken–habe gedachten dachte.*

INSEPARABLE VERBS

INFINITIVE	PAST PARTICIPLE	SIMPLE PAST
übernachten (regular)		
bekommen	habe bekommen	bekam
bestehen	habe bestanden	bestand
verstehen	habe verstanden	verstand
unterhalten	habe unterhalten	unterhielt

Note: This group of verbs does not take a prefix ge-. The difficulty is to work out whether a verb ist separable or inseparable!

HABEN AND SEIN

INFINITIVE	PAST PARTICIPLE	SIMPLE PAST
haben	habe gehabt	hatte
sein	bin gewesen	war

Note: These two verbs serve as auxiliaries and are used in conjunction with main verbs to form the present perfect. From the table above you can see which verbs take *sein*: They are mostly verbs which do not have a direct object (in the accusative) – i. e. intransitive verbs. They often involve motion (e.g. *fahren, gehen*) but also changes of state (e.g. *aufwachen*). Also the two verbs *bleiben* and *sein* (as a main verb) take *sein*. (See above.) All other verbs take haben as auxiliary.

MODAL VERBS

können	(habe gekonnt)	konnte
müssen	(habe gemußt)	mußte
dürfen	(habe gedurft)	durfte
sollen	(habe gesollt)	sollte
mögen	(habe gemocht)	mochte
wollen	(habe gewollt)	wollte

Note: Modal verbs are usually used in conjunction with a main verb to modify the meaning of that verb (e.g. *Ich möchte schwimmen* as compared to *Ich kann schwimmen*). In speech they are often used on their own.

CONJUGATION OF VERBS IN THE PRESENT TENSE

wohnen:	haben:	sein:
ich wohn-e	ich habe	ich bin
du wohn-st	du hast	du bist
er/sie/es wohn-t	er/sie/es hat	er/sie/es ist
wir wohn-en	wir haben	wir sind
ihr wohn-t	ihr habt	ihr seid
sie/Sie wohn-en	sie/Sie haben	sie/Sie sind

können:	schlafen:
ich kann	ich schlafe
du kannst	du schläfst
er/sie/es kann	er/sie/es schläft
wir können	wir schlafen
ihr könnt	ihr schlaft
sie/Sie können	sie/Sie schlafen

Note: The endings are usually as given for *wohnen*. *Haben* and *sein* are exceptions. Modal verbs change their vowels in the singular and become regular in the plural. *Schlafen* is an example of a verb with vowel change in the second and third person singular only (i.e. *du, er/sie/es*). There are a few such verbs.

NOUNS AND PRONOUNS

German nouns have three genders, *der, die das*. Pronouns serve as substitutes for nouns and must relate to the genders as well. In the plural genders do not matter. All plural nouns take *die* as article and the plural form of the noun. Nouns and pronouns in German appear in different cases, depending on which part of the sentence they denote.

NOMINATIVE	ACCUSATIVE	DATIVE
der/ein Mann	den/einen Mann	dem/einem Mann
die/eine Frau	die/eine Frau	der/einer Frau
das/ein Kind	das/ein Kind	dem/einem Kind
die Kinder/Kinder	die Kinder/Kinder	den Kindern/Kindern

PRONOUNS

NOMINATIVE	ACCUSATIVE	DATIVE
ich	mich	mir
du	dich	dir
er	ihn	ihm
sie	sie	ihr
es	es	ihm
wir	uns	uns
ihr/Sie	euch/Sie	euch/Ihnen
sie	sie	ihnen

POSSESSIVE ARTICLES

Like definite and indefinite articles they follow the case endings.

mein/meine/mein	meinen/meine/mein	meinem/meiner/meinem
dein/deine/dein	deinen/deine/dein	deinem/deiner/deinem
sein/seine/sein	seinen/seine/sein	seinem/seiner/seinem
ihr/ihre/ihr	ihren/ihre/ihr	ihrem/ihrer/ihrem
sein/seine/sein	seinen/seine/sein	seinem/seiner/seinem
unser/unsere/unser	unseren/unsere/unser	unserem/unserer/unserem
euer/eure/euer	euren/eure/euer	eurem/eurer/eurem
ihr/ihre/ihr	ihren/ihre/ihr	ihrem/ihrer/ihrem

ADJECTIVES

These are words that describe nouns. In German they are also used as adverbs. Example: *Wir müssen schneller gehen.* Adjectives also have endings according to the case they are used in.

NOMINATIVE	ACCUSATIVE	DATIVE
der schöne Mann	den schönen Mann	dem schönen Mann
die schöne Frau	die schöne Frau	der schönen Frau
das schöne Kind	das schöne Kind	dem schönen Kind
die schönen Leute	die schönen Leute	den schönen Leuten
ein schöner Mann	einen schönen Mann	einem schönen Mann
eine schöne Frau	eine schöne Frau	einer schönen Frau
ein schönes Kind	ein schönes Kind	einem schönen Kind
schöne Leute	—- schöne Leute	—- schönen Leuten
frischer Kaffee	frischen Kaffee	frischem Kaffee
gute Arbeit	gute Arbeit	guter Arbeit
frisches Wasser	frisches Wasser	frischem Wasser
nette Leute	nette Leute	netten Leuten

MAKING COMPARISONS

In German this is actually easier to do than in English because there is basically only one way of forming comparatives and superlatives.

ADJECTIVE	COMPARATIVE	SUPERLATIVE
neu	neuer	am neuesten
alt	älter	am ältesten
groß	größer	am größten
hell	heller	am hellsten
praktisch	praktischer	am praktischsten
teuer	teurer	am teuersten
stark	stärker	am stärksten
laut	lauter	am lautesten
berühmt	berühmter	am berühmtesten
gut	besser	am besten

Note: These are not all the adjectives used in this book. They have been chosen to illustrate slight irregularities, in particular the use of *Umlaute* in comparative and superlative.

PREPOSITIONS AND THEIR CASES

These stand in front of a noun or pronoun and they link them to other ideas in the sentence.

Prepositions that take the accusative are: *für, gegen, durch, ohne, um, (wider)*.

Prepositions that take the dative are: *aus, außer, bei, gegenüber, mit, nach, seit, von, zu*.

Prepositions that can take either the accusative or the dative are: *an, auf, entlang, hinter, in, neben, über, unter, vor, zwischen*.

They take the accusative to show movement into a position and the dative to show the position itself. The dative is thus often the result of the accusative.

ADVERBIAL EXPRESSIONS

Some important adverbial expressions used in this book:

hier, da, dort, links, rechts, geradeaus, schon, erst, noch, immer, oft, selten, manchmal, normalerweise, nie, morgen, heute, gestern, morgen abend, montags, dienstags, mittwochs, donnerstags, freitags, samstags, sonntags, zur Zeit, im Moment, gerade, jetzt, sogar, leider, ungefähr, da drüben, noch nicht, immer noch, nicht mehr

WORDS INTO SENTENCES – WORD ORDER IN GERMAN SENTENCES

Main clauses: In a German sentence, everything revolves around the verb. It holds clearly defined positions in a German sentence, and therefore deserves a closer look. The basic rule is that the conjugated verb is always the second idea in a German sentence and therefore always occupies second place. If there is more than one verb (i.e. not conjugated) it goes to the end of the sentence.

Ich	schwimme	gern.	
Ich	gehe	gern	schwimmen.
Ich	gehe	jeden Tag	schwimmen.
Jeden Tag	gehe	ich	schwimmen.
Ich	möchte	heute	schwimmen gehen.
Ich	bin	gestern	schwimmen gegangen.
Schwimmen	ist	mein Hobby.	
Wann	gehst	du	schwimmen?

SUBORDINATE CLAUSES

These are dependent on a main clause whose meaning they complete or expand. They are usually linked to the main clause by conjunctions such as: *wenn, weil, obwohl, daß, als,* or in indirect questions by question words such as: *wo, wann, wie, warum, woher, wohin, wer,* etc.

Subordinate clauses are separated from the main clause by a comma, and they send the verb to the end of the clause. Examples:

Ich kann heute nicht schwimmen gehen, weil ich krank bin.

Du wirst deine Prüfung nicht bestehen, wenn du nicht lernst.

Ich habe gehört, daß Stefanie bald heiratet.

Meine Familie hat in Hamburg gelebt, als ich klein war.

Weißt du, wo meine Tasche ist?

Können Sie mir sagen, wie ich zum Bahnhof komme?

As you can see the word order in the main clause stays exactly the same. However, if the subordinate clause is put in front of the main clause, the word order of the main clause changes slightly: verb first, then subject!

Weil ich krank bin, kann ich heute nicht schwimmen gehen.

Wenn du nicht lernst, wirst du deine Prüfung nicht bestehen.

Als ich klein war, hat meine Familie in Hamburg gelebt.

Glossary

After each entry in the Glossary you will find the number of the unit in which the item of vocabulary first occurs.

(sep.) = separable
(refl.) = reflexive

A

abbiegen (sep.)	to turn off 8
Abendessen, das (-)	evening meal 4
Abendschule, die	evening class 11
Abfahrt, die	departure 18
abholen	to pick up 18
Abi-Prüfungen (pl.)	A-level exams 17
Abitur, das	A-levels 17
abnehmen (sep.)	to lose weight 19
Abteilung, die (-en)	department 2
Adresse, die (-n)	address 1
also gut	all right then 8
also	so 14
alt	old 2
Alter, das (-)	age 1
am Ende	at the end 8
Anfang, der (ä-e)	beginning 17
anfangen (sep.)	to start 11
Ankunft, die	arrival 18
anmachen (sep.)	to switch on 16
Anruf, der (-e)	phonecall 17
anstrengend	tiring 19
Anzug, der (ü-e)	suit (for men) 7
Apfel, der (Ä-)	apple 6
arbeiten	to work 2
Arbeitstag, der (-e)	workday 5
ärgern (refl.)	to be angry 22
Arzt, der (Ä-e)	doctor 11
attraktiv	attractive 13
auch	too 2
auf	on 3
auf Wiedersehen	good bye 2
aufmachen (sep.)	to open 17
aufpassen (sep.)	to take care, to look after 22
aufstehen (sep)	to get up 5
Auge, das (-n)	eye 13
aus	from 1
ausführen (sep.)	to take out (a person or a pet) 20
Ausland, das	abroad 16
ausruhen (sep.)	to rest 18
ausschlafen (sep.)	to lie in 9
aussehen (sep.)	to look like 13
austrinken (sep.)	finish drinking 20
Auto fahren	to drive a car 3

B

Bäcker, der (-)	baker 11
Bad, das (ä-er)	bathroom
Badewanne, die (-n)	bath tub 3
Bahn, die	train 10
bald	soon 14
Balkon, der (-e)	balcony 3
Bank, die (-en)	bank 8
Bauer, der (-n)	farmer 11
Baumwolle, die	cotton 7
Baumwollsocken (pl.)	cotton socks 7
bedeuten	to mean 16
bedienen	to operate, to serve 11
beeilen (refl.)	to hurry 18
Behälter, der (-)	container 4
bei	at, with 3
beibringen (refl.)	to teach oneself
bekommen	to get 6
benutzen	to use 18
Berge (pl.)	mountains 15
Beruf, der (-e)	job, profession 2
berühmt	famous 24
beschäftigt	busy 11
Beschwerde, die (-n)	complaint 18
beschweren (refl.)	to complain 20
bestehen	to pass 17
bestellen	to order 6
Besuch, der (-e)	visit 9
besuchen	to visit 5
betrunken	drunk 13
Bett, das (-en)	bed 3
bewässern	to irrigate 22
Bewegung, die	exercise 19
Bibliothek, die (-en)	library 8
Bier, das (-e)	beer 2
Bild, das (-er)	picture 16
billig	cheap 7
Birne, die (-n)	pear 6
bitte	please 1
blau	blue 3
bleiben	to stay 10
blond	blonde, fair 13
Blume, die (-n)	flower 4
Blumenkohl, der	cauliflower 6
Blutorange, die (-n)	blood orange 6
Bohne, die (-n)	bean 6
böse	angry 9

Bratwurst, die *(ü-e)*	special fried sausage 6	einkaufen *(sep.)*	to buy, shop 5
brauchen	to need 10	einladen *(sep.)*	to invite 14
braun	brown 3	Einladung, die *(-en)*	invitation 17
brechen	to break 20	einmal	once 16
Briefe schreiben	to write letters 5	einsam	lonely 19
Briefmarke, die *(-n)*	stamp 8	einschlafen *(sep.)*	to go to sleep 21
Brücke, die *(-n)*	bridge 8	einwerfen *(sep.)*	to post 17
buchen	to book 18	Einzelfahrkarte, die *(-n)*	single (one-way) ticket 18
Bücherregal, das *(-e)*	book shelf 3	Eisdiele, die *(-n)*	icecream parlor 16
bummeln	to stroll 14	Eltern, die *(pl)*	parents 21
Bungalow, der *(-s)*	bungalow 2	entschuldigen *(sep.)*	to apologize 22
Büro, das *(-s)*	office 2	entschuldigen Sie!	sorry! 1
Büroparty, die	office party 13	Entschuldigung!	Excuse me!/Sorry! 1
Busfahrer, der	bus driver 11	er	he 1

C

Café, das *(-s)*	cafe 3	Erbse, die *(-n)*	pea 6
Chefkoch, der *(ö-e)*	chef 11	Erdbeere, die *(-n)*	strawberry 6

D

da drüben	over there 16	erinnern *(refl.)*	to remember 21
dabei haben	to have with you 14	Ernährung, die	diet, food 17
damit	so that 18	erzählen	to tell 11
danke	thank you 1	es	it 1
das tut mir leid	I'm sorry 2	essen *(er ißt)*	to eat 5
dasselbe	the same 5	Etikett, das *(-en)*	label 7
Datum, das *(Daten)*	date 15	etwa	about, roughly 15
deshalb	therefore 14	etwas	something 17
Diät machen	to be on a diet 19		
dick	fat 13		

F

Dienstag	Tuesday 5	Fähre, die *(-n)*	ferry 10
dienstags	on Tuesdays 5	fahren *(er fährt)*	to drive 5
direkt	direct 3	Fahrrad, das *(ä-er)*	bicycle 10
donnerstags	on Thursdays 5	Familienname, der *(-n)*	surname 1
Doppelzimmer, das *(-)*	double room 18	Familienstand	marital status 1
dort	there 13	fantastisch	fantastic 11
draußen	outside 20	Farbe, die *(-n)*	color 7
dritt-	third 8	faulenzen	to be lazy 14
du	you (sing.) 1	feiern	to celebrate 22
Dummheit, die *(-en)*	foolishness 22	Fenster, das *(-)*	window 3
dunkelhaarig	dark-haired 13	Ferien *(pl.)*	holidays 14
dünn	thin 13	fernsehen *(sep.)*	to watch television 5, 10
durchfallen *(sep.)*	to fail 17	Fernseher, der *(-)*	television set 3
dürfen	may 16	fertig	ready 4
Durst, der	thirst 19	fertig sein	to be ready/finished 20
Dusche, die *(-n)*	shower 3	finden	to find 8
duschen	to have a shower 5	Firma, die *(-en)*	firm, company 3
		Fitneßzentrum, das *(-en)*	fitness center 3

E

Ecke, die *(-n)*	corner 3	Fleisch, das	meat 6
egal, das ist	it doesn't make any difference 20	Flugzeug, das *(-e)*	plane 10
		flüstern	to whisper 23
Ei, das *(-er)*	egg 6	Fotograf, der	photographer 11
eifersüchtig	jealous 17	Fotomodell, das *(-e)*	model 11
eigen	own 21	Frau, die *(-en)*	Mrs./woman 1
eigentlich	actually 14	freitags	on Fridays 5
einfach	single 18	fremd	strange 5
Eingangshalle, die *(-n)*	lobby 3	Fremdsprache, die *(-n)*	foreign language 11
		freuen *(refl.)*	to be pleased 22
		Freundin, die *(-nen)*	female friend, girlfriend 1, 2
		freut mich!	pleased to meet you! 1
		frühstücken	to have breakfast 5
		Führerschein, der	driver's licence 11

fünf nach halb	twenty-five to 5	
fünf vor halb	twenty-five past 5	
furchtbar	terrible 4	
Fuß, der *(ü-e)*	foot 19	
Fußball, der *(-älle)*	football (soccer ball) 2	
füttern	to feed 22	

G

ganz gut	very good 13
gar nicht	not at all 4
Garten, der *(ä-en)*	garden 14
Gärtner, der *(-)*	gardener 19
Gebäude, das *(-)*	building 3
geboren	born 11
Gedicht, das *(-e)*	poem 5
gefallen *(das gefällt mir)*	I like it 3
gegenüber	opposite 8
gelb	yellow 3
Geld, das	money 7
Gemüse, das	vegetables 6
genau	exactly 15
geöffnet	open 8
gerade	at the moment 14
geradeaus	straight on 8
gern essen	to like to eat 4
Geschäft, das *(-e)*	shop 3
Geschenk, das *(-e)*	present 21
Geschichte, die	story 9
geschlossen	closed 8
Geschwister	brothers and sisters, siblings 2
gestern	yesterday 9
gestorben	died 23
Gesundheit, die	health 17
gewinnen	to win 21
gießen	to water 22
glauben	to believe 2
Gleis, das *(-e)*	platform 18
Glück, das	luck 9
glücklich	happy 13
grau	gray 3
Grippe, die	flu 19
groß	large, tall 2
großartig!	great! 21
Größe, die *(-n)*	size 7
grün	green 3
Grund, der *(ü-e)*	reason 13
guten Morgen	good morning 1

H

Haare, die *(pl.)*	hair 13
haben	to have 1
Hähnchen, das *(-)*	chicken 6
Hals, der *(ä-e)*	neck 13
Handschuh, der *(-e)*	glove 14
Handtasche, die *(-n)*	handbag 7
Haus, das *(ä-er)*	house 2
Haustier, das *(-e)*	pet 24
heiraten	to marry 11

heiß	hot 14
heißen	to be called 1
helfen	to help 7
hell	light, bright 3
Hemd, das *(-en)*	shirt 7
Herd, der *(-e)*	stove 3
hergeben *(sep.)*	to give away 21
Herr, der *(-en)*	Mr./sir 1
hier	here 2
hinter	behind 3
Hobby, das *(-s)*	hobby 11
Hof, der *(ö-e)*	yard 3
hoffentlich	hopefully 22
hören	to hear, to listen 4
Hose, die *(-n)*	trousers (pants) 7
Hotel, das *(-s)*	hotel 3
Hunger haben	to be hungry 4
Hunger, der	hunger 19

I

ICE, der	Intercity Express (special very fast train) 18
ich	I 1
Idee, die *(-n)*	idea 7
ihn	him 11
ihr	you (pl.) 1
immer	always 5
immer noch	still 20
in der Nähe	close by 8
in	in 3
in Mode	in fashion 7
Ingenieur, der *(-e)*	engineer 2

J

Jacke, die *(-n)*	jacket 7
Jahr, das *(-e)*	year 2
jemand	somebody 17
jetzt	now 4
Jogurt, der	yoghurt 6
jung	young 13

K

Kaffee, der *(-)*	coffee 1
kalt	cold 2
Kantine, die	canteen 6
Karotte, die *(-n)*	carrot 6
Kartoffel, die *(-n)*	potato 6
Käse, der	cheese 6
Kater, der	hangover 19
Kauffrau, die *(-en)*	woman with business administration qualifications 11
Kaufmann, der *(ä-er)*	man/person with business administration qualifications 2
Keller, der *(-)*	cellar 3
kennen	to know 8
kennenlernen *(sep.)*	to meet, to get to know 10
Kind, das *(-er)*	child 1

Kinderabteilung, die	children's department 8
Kinn, das	chin 13
Kirche, die *(-n)*	church 8
Kirsche, die *(-n)*	cherry 6
Klavier, das *(-e)*	piano 11
Kleider *(pl.)*	clothes 13
Kleiderschrank, der *(ä-e)*	wardrobe 3
klein	little, small 2
Kneipe, die *(-n)*	bar 4
Knie, das *(-)*	knee 19
Koch, der *(ö-e)*	cook 11
kochen	to cook 3
Kollege, der *(-n)*	colleague 17
kommen	to come 1
können *(ich kann)*	can 3
kontrollieren	to check 10
Kopfschmerzen *(pl.)*	headache 19
kosten	to cost 7
Kostüm, das *(-e)*	suit (for women) 7
krank	ill 9
Krankenhaus, das *(ä-er)*	hospital 11
Krawatte, die *(-n)*	tie 7
Kreuzung, die	junction 8
Küche, die *(-n)*	kitchen 3
Kugelschreiber, der *(-)*	biro 2
Kühlschrank, der *(ä-e)*	refrigerator 3
Kunde, der *(-n)*	customer 21
Kurs, der *(-e)*	course 11
kurz	short 13

L

lachen	to laugh 23
Laib, der *(-e)*	loaf 6
Land, das	countryside 17
lang	long 13
langweilig	boring 19
Lärm, der	noise 20
laufen	to run 9
laut	loud 14
Lebensmittel, *(pl.)*	food 4
ledig	single 1
Lehrer, der *(-)*	teacher 2
leicht	easy 8
leiden können	to like 4
leider	unfortunately 11
leihen	to borrow 8
Leine, die *(-en)*	lead (for dogs) 16
Leiter, die *(-n)*	ladder 17
lesen *(er liest)*	to read 5
letzte Woche	last week 9
Leute, *(pl.)*	people 3
lieber	rather 2
Lied, das *(er)*	song 11
lila	purple 3
Limonade, die *(-n)*	lemonade 3
links	left 3
Literatur, die	literature 5
Löffel, der *(-)*	spoon 21
Lust haben	to feel like 5

M

machen	to do 2
macht nichts	it doesn't matter 15
Magen, der	stomach 19
malen	to paint 16
manchmal	sometimes 5
Männerbekleidung	men's clothes 8
Mantel, der *(ä-)*	coat 2
Marmelade, die *(-n)*	jam, marmelade 6
Maurer, der *(-)*	builder 11
Meer, das	sea 14
mein	my 1
Metzger, der	butcher 8
Mikrowelle, die *(-n)*	microwave 3
miteinander	with each other 21
mitkommen *(sep.)*	to come with 8
mittwochs	on Wednesdays 5
mögen *(ich mag)*	to like 2, 4
morgen abend	tomorrow night 5
morgen	tomorrow 5
Motorrad, das *(ä-er)*	motorbike 10
müde	tired 11
Mund, der *(ü-er)*	mouth 13
Museum, das *(-en)*	museum 16
Musik hören	to listen to music 5
müssen *(ich muß)*	to have to, must 2
Mutter, die *(ü-)*	mother 2
Mütze, die *(-n)*	hat, cap 14

N

nach Hause	home 5
Nachbar, der *(-n)*	neighbour 13
nachdenken *(sep.)*	to reflect, to think about 22
Nachrichten *(pl.)*	news 16
nachschauen *(sep.)*	to look up 15
Name, der *(-n)*	name 1
Nase, die *(-n)*	nose 13
naß	wet 10
neben	next to 3
neblig	foggy 14
nett	nice 9
neu	new 1
Neubauwohnung, die *(-en)*	newly built apartment 3
nicht mehr	no longer 20
nicht	not 1
nichts	nothing 17
nie	never 5
niemand	nobody 17
noch nicht	not yet 20
noch	still 20
normalerweise	usually, normally 5
notwendig	necessary 17

O

oder	or 2
oft	often 5
Ohr, das *(-en)*	ear 13
Ohrfeige geben	to smack 21

Ohrring, der *(-e)*	earring 13
Öl, das	oil 10
operieren	to operate on 11
Opernsänger, der *(-)*	opera singer 11
orange	orange 3
Ordnung, die *(-en)*	order 2

P

Paprika, die	pepper (the vegetable) 6
Patient, der *(-en)*	patient 21
Pferd, das *(-e)*	horse 20
pfui Teufel!	yuk yuk! 10
Platz, der *(ä-e)*	space 3
Polizistin, die *(-nen)*	policewoman 11
Postamt, das *(ä-er)*	post office 8
Praktikum, das *(-a)*	work experience 14
praktisch	practical ?
Preis, der *(-e)*	price 7
prima	fantastic 4
prüfen	to check 10
Prüfung, die *(-en)*	exam 17
Pullover, der *(-)*	sweater 7
putzen	to clean 14

R

radfahren *(sep.)*	to cycle 14
rechts	right 3
Rechtsanwalt, der *(ä-e)*	lawyer 2
reden	to talk 22
regnen	to rain 14
Reifendruck, der	tyre pressure 10
Reisebüro, das *(-s)*	travel agent 3
Reiseleiterin, die	tour guide 11
reisen	to travel 18
Reisescheck, der *(-s)*	travellers' cheques 18
Reiseunternehmen, das	tour operator 21
reiten	to ride 20
Restaurant, das *(-s)*	restaurant 6
Richtung, die *(-en)*	direction 8
Rind, das	beef 6
Rindersteak, das *(-s)*	steak 4
Rock, der *(ö-e)*	skirt 7
rosa	pink 3
rot	red 3
Rotwein, der	red wine 6
Rückfahrkarte, die *(-n)*	return ticket 18
Rückflug, der	return flight 18
ruhig	quiet 3

S

S-Bahn, die	light railway 18
Salat, der *(-e)*	salad, lettuce 6
Sänger, der *(-)*	singer 11
Sauna, die *(-s)*	sauna 3
schauen	to look 16
scheinen *(die Sonne)*	to shine (the sun) 14
schenken	to give (a present) 15
Schild, das *(-er)*	sign 8

schimpfen	to scold, to tell someone off 23
Schinken, der	ham or bacon 6
Schirm, der *(-e)*	umbrella 14
Schlaf, der	sleep 17
schlafen *(er schläft)*	to sleep 5
schlafen gehen	to go to bed 5
schläfrig	sleepy 23
Schlafzimmer, das *(-)*	bedroom 3
schlank	slim 13
schließen	to close 8
Schließungszeit, die *(-en)*	closing time 23
schlimm	bad 19
schmecken *(mir schmeckt)*	to like (with food) 4
schmutzig	dirty 18
schneien	to snow 14
schon	already 4
schön	nice, beautiful 7
schrecklich	awful, terrible 18
Schreibmaschine, die *(-n)*	typewriter 11
Schreibtisch, der *(-e)*	desk 3
Schreibtischlampe, die *(-n)*	desk lamp 3
Schrift, die	writing 11
Schuh, der *(-e)*	shoe 2
schulden	to owe 18
Schüler, der *(-)*	pupil, student 2
schwarz	black 3
Schwein, das	pork 6
Schweinebraten, der	roast pork 6
schwer	heavy 13
Schwester, die *(-n)*	sister 2
Schwimmbad, das *(ä-er)*	swimming pool 3
schwimmen	to swim 5
segeln	to sail 15
sehen *(er sieht)*	to see, to watch 5
Sehenswürdigkeit, die *(-en)*	sight(s) 24
Seide, die	silk 7
seiden	silk (adj.) 13
sein	to be 1
Seite, die *(-en)*	side 3
Sekretärin, die *(-nen)*	secretary 2
selten	rarely 5
setzen *(refl.)*	to sit 16
sie	she 1
sie	they 1
sieh mal	look here 7
sitzen	to sit 21
Sitzplatz, der *(ä-e)*	seat 18
Ski fahren	to ski 10
Sofa, das *(-s)*	sofa 3
sogar	even 11
sollen	ought to, should 14
sollte	should 19
sondern	but 10
Sonnenblumenöl, das	sunflower oil 6
Sonnenbrille, die *(-n)*	sun glasses 13
Sorge, die *(-n)*	worry 22
spazierengehen *(sep)*	to go for a walk 5
Speisewagen, der *(-)*	dining car 18

spielen	to play 2	Uhr	o'clock 4
Sport treiben	to do sport 6	Uhr, die *(-en)*	clock, watch 7
sportlich	sporty, sports- 7	um...zu	in order to 18
sprechen *(er spricht)*	to speak 5	umziehen *(sep.)*	to move house 20
Spülbecken, das *(-)*	sink 3	und	and 1
Stadtrand, der *(ä-er)*	outskirts 3	Unfall, der *(ä-e)*	accident 9
Stadtzentrum, das *(-en)*	town centre 3	ungefähr	about, roughly 13
stark	strong 13	unter	under 3
stecken	to put, to stick 17	unterhalten	to have a conversation 21
Stelle, die *(-n)*	job 11	unterrichten	to teach 16
Stimme, die *(-n)*	voice 23	unterwegs sein	to be on the road 10
Stock, der	floor 8	Urlaubsbroschüre, die *(-n)*	vacation brochure 10
Störung, die	disturbance 15		
Straßenbahn, die *(-en)*	tram 10	**V**	
Streit, der	argument 6	Vater, der *(ä-)*	father 2
Strumpf, der *(ü-e)*	sock, stocking 7	Vegetarier, der *(-)*	vegetarian 4
studieren	to study (at university) 2	verärgert	angry 18
Stuhl, der *(ü-e)*	chair 3	verdienen	to earn 11
suchen	to look for 14	verheiratet	married 1
Supermarkt, der *(ä-e)*	supermarket 3	verhungern	to starve 22
Suppe, die *(-n)*	soup 6	Verkäufer, der *(-)*	sales assistant 11
		Verkehr, der	traffic 4
T		verletzen *(refl.)*	to hurt oneself
Tageskarte, die *(-n)*	day ticket 18	vernünftig	sensible 22
Tagung, die *(-en)*	conference 15	verpassen	to miss 22
tanzen	to dance 5	verreisen	to go on a trip 22
Tasche, die *(-en)*	bag 2	versorgen	to look after 15
Taxifahrer, der *(-)*	taxi driver 11	Verspätung, die	delay 9
Tee, der *(-)*	tea 1	verstehen	to understand 1
Teilzeitstelle, die	part time job 16	vertrocknen	to dry out 22
Telefon, das *(-e)*	telephone 3	viele	many 10
Telefonist, der *(-en)*	telephonist 11	vielleicht	may be 2
Telefonzelle, die *(-n)*	telephone booth 3	Viertel nach	quarter past 5
Teppich, der *(-e)*	carpet 3	Viertel nach sieben	quarter past seven 4
teuer	expensive 7	Viertel vor	quarter to 4
Theater, das	theatre 16	vorgestern	the day before yesterday 9
Therapeut, der *(-en)*	therapist 11	vorhaben *(sep.)*	to have planned 15
Tisch, der *(-e)*	table 3	Vorname, der *(-n)*	first (Christian) name 1
Toilette, die *(-n)*	toilet 3		
toll!	great! 10	**W**	
tragen	to wear, to carry 7	wahrscheinlich	probably 20
Training, das *(-)*	training 2	wandern	to go walking 10
Traube, die *(-n)*	grape 6	wann	when (question word) 6
Traumberuf, der	dream job 11	wäre	would be 11
traurig	sad 13	was für	what kind of 7
treffen	to meet 5	was	what 1
trinken	to drink 1	Waschbecken, das *(-)*	wash basin 3
trotzdem	nevertheless 17	waschen	to wash 14
tschüs	bye, cheers 8	Waschmaschine, die *(-n)*	washing machine 3
Tür, die *(-en)*	door 3	Wasser, das	water 10
		weg	gone 10
U		weg sein	to be gone 20
über	over 8	weglaufen	to run away 22
übergewichtig	overweight 19	weh tun	to hurt 19
überlegen *(refl.)*	to think about 22	weiß	white 3
übernachten	to stay overnight 16	Weißwein, der	white wine 6
Überstunden *(pl.)*	overtime 17		
übrigens	by the way 2		

weit	far 8
weitergehen *(sep.)*	to carry on walking 8
welch-	which 7
Weltreise, die	trip around the world 22
werden *(aux.)*	will 17
werden	to become 4
wichtig	important 11
wie geht es Ihnen/dir?	how are you? 1
wie	how/what 1
wie wär's mit/	
wie wäre es mit...	how about ... 7, 15
Wild, das	game 6
windig	windy 14
wir	we 1
wirklich	really 16
Wirtschaft, die	economics 14
wissen *(ich weiß)*	to know 2
wo	where 1
woanders	somewhere else 16
Wochenende, das *(-n)*	weekend 5
Wochentag, der *(-e)*	weekday 8
woher	where from 1
wohnen	to live 1
Wohnlage, die *(-n)*	living area 3
Wohnung, die *(-en)*	apartment 2
Wohnzimmer, das *(-)*	living room 3
wollen	to want 17
Wort, das *(ö-er)*	word (here: oral) 11

Z

Zahn, der *(ä-e)*	tooth 13
Zahnärztin, die *(-nen)*	female dentist 11
zeigen	to show 16
Zeit, die *(-en)*	time 15
Zeit haben	to be free 5
Zeitschrift, die *(-en)*	magazine 14
Zeitung lesen	to read the paper 5
zelten	to camp 10
Zeltplatz, der *(ä-e)*	camping place 10
zerbrechen	to break 17
ziehen	to pull 17
Zitrone, die *(-n)*	lemon 6
zu Hause	at home 2
zu spät	too late 4
zufrieden	happy, satisfied 17
Zug, der *(ü-e)*	train 10
Zukunft, die	the future 17
zumachen *(sep.)*	to close 16
zur Arbeit fahren	to drive to work 5
zur Zeit	at the moment, at the present time 7
zurückkomen *(sep.)*	to come back 18
zusammen	together 11
zusammenstoßen *(sep.)*	to collide 17
Zwiebel, die *(-n)*	onion 6
Zwillingsschwester, die *(-n)*	twin sister 2